A Imputação de Conhecimento
às Sociedades Comerciais

A Imputação de Conhecimento às Sociedades Comerciais

2017

José Ferreira Gomes
Professor da Faculdade de Direito da Universidade de Lisboa

Diogo Costa Gonçalves
Professor da Faculdade de Direito da Universidade de Lisboa

A IMPUTAÇÃO DE CONHECIMENTO ÀS SOCIEDADES COMERCIAIS
AUTORES
José Ferreira Gomes e Diogo Costa Gonçalves
EDITOR
EDIÇÕES ALMEDINA, S.A.
Rua Fernandes Tomás, nºs 76, 78 e 80
3000-167 Coimbra
Tel.: 239 851 904 · Fax: 239 851 901
www.almedina.net · editora@almedina.net
DESIGN DE CAPA
FBA.
PRÉ-IMPRESSÃO
EDIÇÕES ALMEDINA, S.A.
IMPRESSÃO E ACABAMENTO

, 2016
DEPÓSITO LEGAL
....

Os dados e as opiniões inseridos na presente publicação são da exclusiva responsabilidade do(s) seu(s) autor(es).
Toda a reprodução desta obra, por fotocópia ou outro qualquer processo, sem prévia autorização escrita do Editor, é ilícita e passível de procedimento judicial contra o infrator.

 GRUPOALMEDINA

Biblioteca Nacional de Portugal – Catalogação na Publicação

GOMES, José Ferreira, 1915-   , e outros

A imputação de conhecimento às sociedades comerciais / José Ferreira Gomes, Diogo Costa Gonçalves. – (Monografias)
ISBN 978-972-40-7093-3

I – GONÇALVES, Diogo Costa, 1980-

ÍNDICE

Apresentação dos autores 9
Abreviaturas 11

I. INTRODUÇÃO

§ 1. Objeto da investigação e metodologia adotada. 13
§ 2. **Conhecimento e imputação**. 21
    1. Noção de conhecimento 21
    2. Imputação de conhecimento 23
§ 3. **Natureza da imputação de conhecimento às pessoas coletivas**. . . . 27
    1. A imputação de conhecimento como *juízo normativo* 27
    2. A *plurifuncionalidade* do juízo de imputação. 30
    3. Imputação de conhecimento e ponderação sinépica 32

II. A IMPUTAÇÃO DE CONHECIMENTO NOS SISTEMAS DE *COMMON LAW*

§ 4. As *general rules of attribution*. 35
    1. As *rules of attribution*: sistematização 35
    2. As *general rules of attribution* 36
    3. A aplicação das *general rules of attribution* às sociedades comerciais. . . . 41
§ 5. As *primary rules of attribution* 44
    1. Noção 44
    2. Reconduções dogmáticas: um organicismo anglo-saxónico? 46
§ 6. As *special rules of attribution* 50
    1. Origem: a *directing mind and will doctrine* 50
    2. A interpretação evolutiva da *directing mind and will doctrine*. 54

III. A IMPUTAÇÃO DE CONHECIMENTO NO ESPAÇO GERMÂNICO

§ 7. A teoria do conhecimento absoluto 59
    1. A decisão do RG de 8-fev.-1935 59
    2. Fundamentação dogmática 60
§ 8. A teoria da representação do conhecimento 64
    1. Os estados subjetivos relevantes do representante 64
    2. A representação do conhecimento e o princípio de imputação
       do conhecimento 66
    3. O *Wissensvertreter* e a organização interna da sociedade. 68
§ 9. A teoria do risco de organização 70
    1. O declínio das teorias representativas 70
    2. A segurança no tráfego e o risco de organização
       (*Organisationsrisiko*) 73

IV. CRITÉRIO DE IMPUTAÇÃO DE CONHECIMENTO: O RISCO DE ORGANIZAÇÃO

§ 10. O risco de organização como critério de imputação 77
    1. O conhecimento como um *fator de risco* de organização
       e a segurança no tráfego 77
    2. A organização do conhecimento como parte da organização
       societária 80
    3. A imputação de conhecimento como alocação de risco 84
§ 11. Desenvolvimento e concretização 85
    1. A "adequação" da organização. 85
    2. Cont.: parâmetros gerais 88
    3. Cont.: convocação das regras de *corporate governance* 91
    4. O limite da imputação: a controlabilidade do risco da segregação
       da informação 93
§ 12. Desvios: bloqueio da imputação 94
    1. O bloqueio da imputação perante deveres de confidencialidade
       e segregação de informação: segredo profissional, *chinese walls*,
       proteção de dados pessoais. 94
§ 13. Excurso: culpa de organização v. imputação objetiva
    do conhecimento 98
§ 14. Sequência. 103

V. GRUPOS DE CASOS

§ 15. O conhecimento adquirido pelos membros dos órgãos sociais no exercício de funções 105
    1. O caso das máquinas *overlock*. 105
    2. Enquadramento e solução 106
§ 16. O conhecimento adquirido por quem não integra os órgãos sociais .. 108
    1. O caso dos restaurantes de *fast food*. 108
    2. Enquadramento e solução 110
§ 17. O conhecimento adquirido fora do exercício de funções 113
    1. Os casos do derrame de produtos químicos. 113
    2. Enquadramento e solução 114
§ 18. O conhecimento adquirido antes do início das funções 124
    1. O caso das garantias não registadas nas contas 124
    2. Enquadramento e solução 125
§ 19. O conhecimento de um membro de órgão social coletivo 127
    1. O caso da *bouça nova*. 127
    2. Enquadramento e solução 128
§ 20. O momento da imputação de conhecimento 130
    1. O caso da comunicação do sinistro 130
    2. Enquadramento e solução 131
§ 21. O esquecimento da informação. 135
    1. O caso da contaminação esquecida. 135
    2. Enquadramento e solução 136
§ 22. A cessação de funções do agente 141
    1. O caso do lençol freático 141
    2. Enquadramento e solução 142
§ 23. A agregação de informação 145
    1. O caso das agências bancárias 145
    2. Enquadramento e solução 146
§ 24. Os deveres de confidencialidade e as barreiras informativas (*chinese walls*). 152
    1. Os casos das *"chinese walls"* e do segredo médico. 152
    2. Enquadramento e solução 153
§ 25. A *cognoscere non velle protestatio* 157
    1. O caso do suborno. 157
    2. Enquadramento e solução 158

Bibliografia. 161
Índice ideográfico. 167

APRESENTAÇÃO DOS AUTORES

José Ferreira Gomes
Professor da Faculdade de Direito da Universidade de Lisboa (FDUL), jurisconsulto, árbitro e consultor externo da Comissão do Mercado de Valores Mobiliários (CMVM). É Doutor em Direito pela FDUL, LL.M. pela Columbia University (Nova Iorque), e licenciado pela Faculdade de Direito da Universidade Católica Portuguesa. Foi *Visiting Scholar and Research Fellow* na Columbia University (Nova Iorque), investigador no Max-Planck--Institut für ausländisches und internationales Privatrecht (Hamburgo) e na LudwigMaximilians-Universität München (Munique). Recebeu várias bolsas e prémios de investigação de instituições nacionais e internacionais. É membro do Instituto de Direito Privado (IDP) e do Centro de Investigação de Direito Privado (CIDP), da comissão de revisão da Revista de Direito das Sociedades, da comissão executiva do Código das Sociedades Comerciais Anotado, e da direção do Gabinete Erasmus e de Relações Internacionais da FDUL. É também membro da Associação Portuguesa de Arbitragem, da associação Freunde des Hamburger Max-Planck-Instituts für ausländisches und internationales Privatrecht e.V., e do Governance Lab. Entre 2001 e 2007 exerceu advocacia na Uría Menéndez (em especial: M&A e financeiro); entre 2008 e 2013 exerceu advocacia em prática individual; entre 2008 e 2009 assessorou a comissão do Instituto Português de Corporate Governance de redação de um projeto de Código de Bom Governo das Sociedades; entre outubro de 2013 e novembro de 2014 foi jurista da CMVM, no Departamento de Supervisão de Mercados, Emitentes

e Informação (DMEI). Em 2015 assessorou o grupo de trabalho do Banco de Portugal que formulou recomendações sobre o governo das instituições de crédito. Participa na elaboração de projetos legislativos nas áreas do Direito comercial, das sociedades comerciais, dos valores mobiliários e bancário, tanto em Portugal como noutros países lusófonos. As suas áreas de investigação são o Direito civil e o Direito comercial, com destaque para sociedades comerciais, valores mobiliários e bancário.

Diogo Costa Gonçalves
Professor da Faculdade de Direito da Universidade de Lisboa (FDUL), jurisconsulto e árbitro. É Doutor em Direito pela FDUL, onde concluiu a licenciatura e o mestrado. Foi membro da comissão executiva do Código das Sociedades Comerciais Anotado (CSC Clássica) e da comissão de redação da Revista de Direito das Sociedades (RDS). É membro da associação Freunde des Hamburger Max-Planck-Instituts für ausländisches und internationales Privatrecht e.V., da Associação Luso-Alemã de Juristas (Deutsch-Lusitanische Juristenvereinigung), da Associação Portuguesa de Arbitragem e do Governance Lab, grupo de investigação jurídica e reflexão crítica sobre temas relacionados com o governo das organizações. É ainda membro da direção do Instituto de Direito Privado e investigador do Centro de Investigação de Direito Privado (CIDP), ambos ligados à FDUL. Participou na elaboração de diversos diplomas legislativos relativos ao Direito das sociedades e dos valores mobiliários, nomeadamente, no Projeto de Código das Sociedades Comerciais da Guiné-Bissau (2008), em projetos legislativos solicitados pela Comissão de Mercado de Capitais de Angola (2013) e no Anteprojeto de Código das Sociedades Comerciais para Cabo Verde (2015). Em 2015, assessorou ainda o grupo de trabalho do Banco de Portugal que formulou recomendações sobre o governo das instituições de crédito. É, desde 2017, membro do Seminário de Jovens Cientistas da Academia de Ciências de Lisboa e da Sociedade Científica da Universidade Católica Portuguesa. As suas áreas de investigação são o direito civil, o direito comercial e o direito da arbitragem.

ABREVIATURAS

AcP	–	Archiv für die civilistische Praxis
BGB	–	Bürgerliches Gesetzbuch
BGH	–	Bundesgerichthof
BGHZ	–	Entscheidungen des Bundesgesrichtshofes in Zivilsachen
CC	–	Código Civil Português
CRP	–	Constituição da República Portuguesa
CdMVM	–	Cadernos do Mercado dos Valores Mobiliários
CVM	–	Código dos Valores Mobiliários
EBITDA	–	Earnings before interest, taxes, depreciation and amortization
EOM	–	Estatuto da Ordem dos Médicos
JW	–	Juristische Wochenschrift
JZ	–	JuristenZeitung
LG	–	Landesgericht
NJW	–	Neue Juristische Wochenschrift
NZG	–	Neue Zeitschrift für Gesellschaftsrecht
RDS	–	Revista de Direito das Sociedades
RG	–	Reichsgericht
RGICSF	–	Regime Geral das Instituições de Crédito e Sociedades Financeiras
STJ	–	Supremo Tribunal de Justiça
UE	–	União Europeia
WM	–	Zeitschrift für Wirtschaft und Bankrecht, Wertpapiermitteilungen
ZGR	–	Zeitschrift für Unternehmens- und Gesellschaftsrecht
ZHR	–	Zeitschrift für das gesamte Handels- und Wirtschaftsrecht
ZIP	–	Zeitschrift für Wirtschaftsrecht

I.
INTRODUÇÃO

§ 1. Objeto da investigação e metodologia adotada

I. A imputação de conhecimento às sociedades comerciais é um tema central da dogmática societária, pela sua manifesta relevância prática. Não obstante, é relativamente ignorado entre nós, pese embora o crescente interesse sobre a temática em projetos de investigação académica, conferências, cursos pós-graduados, etc.[1]

---

[1] Por razões que teremos oportunidade de conhecer com melhor detalhe, o tema da imputação de conhecimento tem sido tratado, sobretudo, a propósito da relevância dos estados subjetivos do representante, no âmbito da representação voluntária. A título exemplificativo, indicamos duas obras de referência, ambas com a indicação de abundante bibliografica: PEDRO DE ALBUQUERQUE, *A representação voluntária em Direito Civil*, 2004 (em particular, 1082 ss.) e MARIA DE LURDES PEREIRA, "Os estados subjectivos na representação voluntária. Em especial, o conhecimento ou o desconhecimento juridicamente relevante", *RFDUL*, 34:1 (1998), 135-192 (175-176).
Em nenhuma delas, contudo, é tratada a imputação de estados subjetivos às pessoas coletivas. A sua relevância advém do facto de uma importante orientação doutrinal (hoje superada) ter reconduzido o problema da imputação de conhecimento às pessoas coletivas às regras da representação voluntária.
A imputação de estados subjetivos às pessoas coletivas ocupa também os penalistas. A *consciência da ilicitude* ou *dolo* no âmbito da responsabilidade penal das pessoas coletivas, por exemplo, carece de um juízo de imputação de conhecimento. Neste âmbito veja-se a obra de referência de TERESA QUINTELA DE BRITO, *Domínio da organização para a execução do facto: responsabilidade*

São também escassas, ou quase inexistentes, as decisões jurisprudenciais em que o tema seja discutido a fundo.

II. Na presente investigação, propomo-nos dar resposta à seguinte interrogação: *em que situações – e com que fundamento –* é possível afirmar *que uma sociedade conhece determinado facto ou circunstância? Perante a complexidade da realidade societária, qual o critério normativo e dogmático de imputação?*

O desafio é grande, perante a miríade de situações em que o conhecimento imputado à sociedade releva para a produção de efeitos jurídicos, de base legal ou negocial, não sendo manifestamente possível abarcá-lo satisfatoriamente nestas linhas. Como reconhece GRIGOLEIT, «há poucos problemas de direito civil que sejam tão básicos como a "imputação de conhecimento" *e que, porém,* não estejam ainda resolvidos *de forma minimamente satisfatória*»[2]. No mesmo sentido, além-Atlântico, explica DEBORAH DEMOTT: «imputation has been characterized as a disorderly doctrine that is difficult to rationalize and to justify or explain in any satisfying or comprehensive way»[3].

A presente investigação consubstancia tão-só uma primeira incursão sobre o tema, na tentativa de formular alguns critérios dogmáticos sólidos que possam ser úteis à *praxis* jurídica.

III. Noutras latitudes, a questão da imputação de conhecimento às sociedades vem sendo estudada há vários anos, sendo acompanhada por uma experiência jurisprudencial bastante diversificada.

---

penal de entes colectivos, dos seus dirigentes e "actuação em lugar de outrem", dissertação de doutoramento FDUL, 2013, 874 ss. e 1053 ss.
Na presente investigação, contudo, não cuidaremos dos aspetos penais da imputação de estados subjetivos. Mas uma afirmação não pode deixar de ser feita: as questões que ocupam os civilistas são, não poucas vezes, coincidentes com as questões sucitadas à ciência penal. Não obstante a pluralidade de escopos que presidem (ou podem presidir) à imputação civil e penal de conhecimento, haverá certamente uma base dogmática partilhada que, em última instância, depende da própria natureza da pessoa coletiva.
[2] HANS CHRISTOPH GRIGOLEIT, "Zivilrechtliche Grungdlagen der Wissenszurechung", *ZHR*, 181 (2017), 160-202 (162).
[3] DEBORAH A. DEMOTT, "When is a principal charged with an agent's knowledge?", *Duke Journal of Comparative & International Law*, 13:3, 2003, 291-320 (291).

INTRODUÇÃO

Em concreto, as experiências anglo-saxónica e germânica permitem testar, com segurança, vários modelos de decisão e identificar os casos-tipo (ou os grupos de casos)[4] em que a jurisprudência é mais vezes chamada a pronunciar-se. O seu estudo permite-nos uma visão comparada de duas tradições dogmáticas muito distintas, mas cada vez mais dialogantes.

IV. A experiência germânica pode ser reconduzida a três grandes fases dogmáticas. Num primeiro momento, a derrota de VON GIERKE na codificação do BGB[5] foi acompanhada de uma receção entusiasta (sobretudo a partir dos anos 30 do séc. XX) da *Organtheorie*. As decisões de imputação do conhecimento às sociedades são fundamentadas, por regra, numa dedução quase lógico-formal da ideia de representação orgânica. Nascia assim a teoria do conhecimento absoluto (*absolute Wissentheorie*).

À medida que as críticas ao realismo organicista de VON GIERKE iam subindo de tom, a jurisprudência encetou um caminho de paulatino abandono ou relativização da *absolute Wissentheorie*. A imputação do conhecimento foi então reconduzida aos quadros gerais da representação voluntária, tornando-se o § 166 BGB a norma nuclear de imputação.

Nascia assim a *teoria da representação do conhecimento*, marcada sobretudo pela aplicação do critério de imputação com base no estado psicológico daqueles que, não representando a sociedade, podiam ser considerados um representante do conhecimento (*Wissensvertreter*).

Por fim, e não sem hesitações, a doutrina e a jurisprudência têm reconduzido a imputação de conhecimento à *teoria do risco de organização* (*Organisationsrisiko*), vendo no conhecimento, ou na falta dele, um fator de risco que, quando integra a perigosidade própria e controlável da e pela organização da sociedade, por esta deve ser suportado.

---

[4] As *situações-tipo* ou *grupos de casos* são proposições configuradas como tipos intermédios entre a bitola legal e as concretas circunstâncias do caso *decidendo*, que promovem a conformação *ex ante* da conduta dos sujeitos e conferem modelos de decisão ao intérprete-aplicador. Tais modelos de decisão são móveis, pelo que sempre exigirão a ordenação de vários fatores em função das concretas circunstâncias do caso.

[5] O autor expressamente acusa o BGB de consagrar a doutrina da ficção savignyana, em relação à qual sempre se opôs: «A pessoa jurídica do projeto [do BGB], *como já muitas vezes foi assinalado, é o sobejamente conhecido indivíduo artificial que, através de uma ficção, é chamado à existência (...)*» – OTTO VON GIERKE, *Der Entwurf eines bürgerlichen Gesetzbuchs und das deutsche Recht*, 1889, 125.

V. A experiência anglo-saxónica é de mais difícil sistematização, atenta a fluidez das suas construções e da linguagem própria deste quadrante. Em todo o caso, podemos afirmar que a imputação de conhecimento às sociedades assenta no desenvolvimento de três pilares fundamentais, articulados entre si.

Na base, temos a *law of agency*. Esta inclui as *general rules of attribution*, nos termos das quais a imputação de conhecimento (*knowledge attribution*) depende da concreta relação contratual estabelecida entre a sociedade, enquanto *principal*, e o seu *agent*, seja este trabalhador, colaborador externo ou outro. Basta, para o efeito, que este último se encontre investido em *authority*, sendo a sua atuação relevante para o *principal*.

Sem prejuízo das flutuações que analisaremos adiante, os membros dos órgãos sociais, enquanto tais, tendem a não ser qualificados como *agents*. A sua *authority* não depende de um concreto vínculo contratual, numa construção que se aproxima do organicismo continental. A imputação do seu conhecimento à sociedade obedece às *primary rules of atribution*.

Perante as insuficiências de uma e outra via de solução, desenvolveu-se um terceiro pilar na fundamentação da imputação – as *special rules of attribution* – destinadas a resolver os casos próprios das organizações societárias. Na base está a *directing mind and will doctrine*, sujeita a uma interpretação evolutiva.

Esta é a sistematização possível de uma experiência cujas concretizações, aquém e além-atlântico, nem sempre são coincidentes, como veremos.

VI. Não obstante a disparidade dos sistemas continental e anglo-saxónico, a fundamentação da decisão de casos concretos aproxima-se, muitas vezes, de forma surpreendente.

É possível estabelecer verdadeiros paralelos dogmáticos entre a teoria do conhecimento absoluto e a versão original da *directing mind and will doctrine*, por exemplo.

Também a evolução dogmática verificada nos dois sistemas apresenta muitos pontos de contacto, até na aproximação da imputação de conhecimento a um problema (por vezes inconfessado) de alocação de risco.

INTRODUÇÃO

Transversalmente, afirma-se a insuficência da representação como fundamento de imputação: reconhece-se que os seus resultados só são aceitáveis em organizações empresariais extremamente simples.

VII. Num estudo muito recente, GRIGOLEIT reconduzia os fundamentos juscivilistas da imputação de conhecimento a «três problemas elementares»: *(i)* a dissociação entre atuação e conhecimento; *(ii)* a inexistência de uma normatividade transversal que determine um critério geral de imputação; e *(iii)* a parca expressividade (ou capacidade heurística) dos critérios gerais de imputação[6].

Contra o cepticismo de GRIGOLEIT, entendemos que a recondução da imputação de conhecimento à *teoria do risco de organização* – aferido a partir da concretização do dever de organização adequada (que incluiu o dever de organização do conhecimento) – oferece um critério geral e adequado de imputação: o conhecimento é imputado à sociedade não só quando aquele que atua por sua conta conhece[7], mas também quando, por *culpa de organização*[8], esse conhecimento não lhe foi transmitido.

Perante o atual estado da arte, esta parece ser a orientação dogmática mais satisfatória, na medida em que oferece um quadro explicativo do fenómeno de imputação suficientemente sólido e coerente, quando confrontado com os diversos grupos de casos em que a jurisprudência se tem vindo a pronunciar.

Imputar ou não conhecimento a uma sociedade é, portanto, uma decisão de alocação de risco. Os critérios de imputação mais não são, afinal,

---

[6] GRIGOLEIT, "Zivilrechtliche Grungdlagen der Wissenszurechung", cit., 166 e ss..
[7] Sem prejuízo dos desvios que determinam um bloqueio da imputação, como exploramos no § 12 *infra*.
[8] A culpa de organização é aqui referida para efeitos de *imputação do conhecimento* à sociedade e não para efeitos de *imputação de danos*. Neste último campo, a culpa de organização (*Organisationsverschulden*) tem permitido imputar danos à sociedade se não se provar a culpa individual de qualquer membro da sua organização [sendo assim idêntica à "culpa de serviço": ANTÓNIO PINTO MONTEIRO, *Cláusulas limitativas e de exclusão de responsabilidade civil*, 1985, 283 (n. 661)] e, assim, «*camufla frequentemente a responsabilidade objectiva do detentor da organização na veste do princípio da culpa*». MANUEL CARNEIRO DA FRADA, *Contrato e deveres de protecção*, 1994, 209 (n. 441). Veja-se ainda, com muito interesse, do mesmo autor, *Direito civil, responsabilidade civil: O método do caso*, 2006, 86-87.

do que indicadores normativos para aferir a que esfera jurídica, em concreto, deve ser imputado o risco do conhecimento (ou da sua ausência) quanto a um concreto estado de coisas.

VIII. O quadro explicativo que desenvolvemos tem, naturalmente, fragilidades e insuficiências[9]. A riqueza da casuística ajudará, sem dúvida, a identificá-las e a corrigi-las.

Ainda assim, no seu núcleo central, a imputação do conhecimento como alocação do risco de organização é um fundamento dogmático suficientemente expansivo para que dele se consigam exaurir novas e mais ajustadas concretizações.

Também por esta razão se justifica que a investigação termine com a ilustração de um conjunto de grupos de casos onde a concretização da orientação dogmática proposta possa ser testada.

IX. Excluímos, contudo, dos grupos de casos em análise a imputação de conhecimento nos grupos de sociedades. As hipóteses são riquíssimas, convocando diferentes variáveis consoante estejamos perante uma imputação em sentido *ascendente* – imputação de conhecimento da sociedade-filha à sociedade-mãe (ou da sociedade-neta à sociedade-avó e por aí fora) –, em sentido descendente, em sentido *lateral* (entre sociedades-irmãs).

As variáveis a ponderar são também diferentes consoante estejamos perante um grupo *de iure* ou um grupo *de facto*, sem prejuízo das necessárias modelações casuísticas.

Pense-se, por exemplo no recente caso VW, descrito pela decisão do *LG München* de 14-abr.-2016[10], que se seguiu ao chamado "escândalo das

---

[9] Em particular, ao longo do presente estudo, os problemas identificados por GRIGOLEIT, "Zivilrechtliche Grungdlagen der Wissenszurechung", cit., 166 ss., tornar-se-ão evidentes. A parca capacidade heurística do quadro geral de imputação que propomos poderá ser – talvez legitimamente –, uma crítica a apontar a estas linhas. Em todo o caso, assumimos frontalmente que se trata de um primeiro estudo preliminar sobre um tema central do direito civil e societário, carecido seguramente de renovadas reflexões.

[10] Também o BGH se debruçou já sobre o problema de imputação de conhecimento em sede de grupos de sociedades, em especial na área dos seguros.
Na sua decisão de 13-dez.-1989, *NJW-RR*, 1990, 285, estava em causa o caso de um polícia que numa proposta de contrato de seguro de incapacidade (*Berufsunfähigkeitsversicherung*)

emissões" ("*Abgasskandal*") de gases poluentes por determinados automóveis (também conhecido por "*Dieselgate*"[11]):

X adquiriu um automóvel da marca VW a P. Tendo tomado conhecimento de que as informações prestadas sobre o nível de emissões de gases poluentes por esse veículo eram fraudulentas, X pretendeu resolver o correspondente contrato.

P, sociedade vendedora de automóveis do grupo VW, alega que o veículo foi produzido, não por si, mas sim pela sua sociedade-mãe (A) e que, nessa medida, não tinha conhecimento de que a informação prestada era fraudulenta.

não prestou informação completa, tendo confiado no facto de que a companhia de seguros estava ciente da informação em falta, dado que a mesma era do conhecimento da sua afiliada com quem tinha um seguro de saúde. O BGH não aceitou a imputação de conhecimento apesar de, na proposta, o tomador do seguro ter referido a existência do seguro de saúde da afiliada e de, segundo as cláusulas contratuais gerais aplicáveis, a seguradora demandada poder aceder à informação da sua afiliada (sendo afastado o dever de segredo). O BGH sublinhou que a mera existência de um grupo não justificaria a imputação de conhecimento, porquanto as sociedades do mesmo são juridicamente autónomas. Da mesma forma, a existência da informação no arquivo informático da afiliada apenas determinaria a imputação do conhecimento a esta sociedade, mas já não as demais sociedades do grupo, apesar de estas poderem ter acesso ao mesmo.
Na sua decisão de 14-jul.-1993, *NJW*, 1993, 2807, o BGH analisou um caso – conhecido como "caso da cirurgia ao joelho" (*Knieoperations-Fall*) – em que o autor tinha preenchido a proposta de um contrato de seguro de vida respondendo às questões sobre condições de saúde pré-existentes por remissão para um contrato de seguro celebrado com uma sociedade afiliada. O autor tinha preenchido a proposta relativa a este primeiro seguro de forma completa e correta, referindo ter sido submetido em tempos a uma cirurgia ao joelho. Ambas as propostas continham uma cláusula destinada a permitir a partilha de informação. Neste caso a informação estava disponível, mas a pessoa responsável por ela não acedeu à mesma. Segundo o BGH, é imputável à seguradora toda a informação disponível nas bases de dados sobre o segurado na medida em que existe razão para a elas aceder; constitui razão para tanto o facto de o proponente, na sua proposta, fazer uma referência clara à existência dessa informação na base de dados da seguradora; pela referência à existência da informação na base de dados de outra seguradora, o proponente cumpre tal requisito, se, na proposta, consentiu que a seguradora acedesse a essa informação.

[11] Cfr. Thomas Meschede, "Dieselgate: Denkbare Anspruchsgrundlagen für Schadensersatzansprüche von Porsche-Aktionären und Erwerbern von Derivaten auf VW-Aktien gegen die Volkswagen AG", *ZIP*, 38:5 (2017), 215-221.

O *LG München* concluiu que, sendo *P* detida a 100% por *A*, o conhecimento desta última lhe era imputável.

Não obstante a importância do tema, a correta ponderação das especificidades da imputação de conhecimento em casos de coligação societária exige que o critério geral de imputação se encontre suficientemente aquilatado. Exige, ainda, um tratamento profundo das concretas especificidades em presença[12]. Nalguns casos, o critério de imputação poderá conhecer uma *modelação normativa* concreta. O repto está para além das possibilidades reais da presente investigação.

X. Excluímos também do presente estudo, por ora, os desenvolvimentos necessários à afirmação de específicos estados subjetivos baseados no conhecimento de determinados factos, com destaque para o elemento volitivo da intenção de causação de danos, subjacente à afirmação do *dolo* da pessoa coletiva.

A importância do tema está patente na recente flutuação da jurisprudência do BGH na Alemanha, com destaque para o seu aresto de 28-jun.--2016[13]. Não obstante, também a ponderação deste desafio está para além das possibilidades atuais desta investigação.

XI. Antes de passarmos à análise crítica dos grupos de casos, detenhamo-nos na consideração do sentido técnico-jurídico de conhecimento com que iremos lidar e em que consiste, afinal, a imputação de conhecimento.

Vejamos também, com algum detalhe, as particularidades da imputação de conhecimento às pessoas coletivas, criando assim uma compreensão de base do fenómeno da imputação, indispensável na decisão dos casos concretos.

---

[12] Na doutrina mais recente, veja-se GERALD SPINDLER, "Wissenszurechnung in der GmbH, der AG und im Konzern", *ZHR*, 181 (2017) 311-356 (em especial, 332 e ss.) e JAN SCHÜRNBRAND, "Wissenszurechnung im Konzern – unter besonderer Berücksichtigung von Doppelmandaten", *ZHR*, 181 (2017) 357-380.

[13] *WM*, 2016, 1975. Este acórdão é analisado adiante na n. 370.

§ 2. Conhecimento e imputação

1. Noção de conhecimento

I. O conhecimento é a representação subjetiva de um certo estado de coisas; a perceção ou apreensão intelectual de certa realidade.

Enquanto representação subjetiva, o conhecimento *está* sempre nalgum sujeito, como resultado de uma concreta operação intelectual: o ato de conhecer. Não existe conhecimento, portanto, sem um *subjectum* ou um *suppositum* onde este se dê[14].

O conceito de conhecimento pode ser tomado, assim, em duas aceções distintas: *(i)* enquanto *ato* do sujeito que conhece, quando em causa está o próprio processo intelectual de apreensão da realidade[15]; e *(ii)* enquanto *objeto* ou resultado do ato de conhecer.

O conhecimento enquanto objeto corresponde a um *estado subjetivo*: à situação em que se encontra o sujeito que conhece[16].

Enquanto operação intelectual, o ato de conhecer só existe no Homem: o sujeito do estado subjetivo de conhecimento é sempre uma pessoa singular.

II. Estas linhas, relativas ao que podemos designar por conhecimento *naturalístico*, não valem sem mais no *plano jurídico*. A delimitação de um conceito técnico-jurídico de conhecimento exige a ponderação de outros factores valorativos.

Ainda assim, o sentido naturalístico serve, pelo menos, como noção de enquadramento, posto que não é certo que, em Direito, se possa afirmar a existência de um conceito geral e unívoco de conhecimento[17].

---

[14] Sobre estes conceitos clássicos, veja-se Tomas Alvira, Luis Clavell, Tomas Melendo, *Metafisica*, 8.ª ed., 2001, 119 ss.
[15] Juan Jose Sanguineti, *Logica*, 2.ª ed., 1985, 33 ss. e Juan A. Gárcia, "Conocimiento", in *Diccionario de Filosofia*, 2010, 203.
[16] Próxima desta aceção, embora não exatamente coincidente (se bem lemos), Cláudia Alves Trindade, *A prova de estados subjetivos no processo civil*, 2016, 41.
[17] Paul Tobias Schrader, *Wissen im Recht*, 2017, 4.

III. Ao contrário do que se exige numa aceção gnoseológica[18], a correspondência entre a representação subjetiva e a realidade representada (a *veritas*, portanto) não integra, para o Direito, a noção de conhecimento.

Na verdade, a ordem jurídica atribui efeitos às *falsas perceções* da realidade (àquilo que, em rigor, é *ignorantia*). Basta pensar no regime do erro na formação da vontade: a falsa perceção da realidade por parte do declarante tem consequências jurídicas e é ponderada no processo aplicativo do Direito.

Nalguns casos (quando o erro é relevante) a falsa perceção permite a anulabilidade do negócio, prevalecendo o dogma da vontade; noutros (quando o erro é irrelevante), a mesma perceção errónea não impede a produção dos efeitos jurídicos típicos da declaração que, na verdade, o declarante não quis. Prevalece, nestes casos, a tutela da confiança[19].

IV. Da mesma forma, o sistema associa por vezes efeitos jurídicos ao *desconhecimento da realidade*.

Assim sucede, por exemplo, perante as regras do ónus da prova objetivo, que, como a doutrina tende a sustentar, implicariam uma ficção jurídica[20]:

---

[18] Para um enquadramento geral, JUAN A. GÁRCIA, "Conocimiento", cit., 202-207.

[19] Para um enquadramento geral, vejam-se, por todos, ANTÓNIO MENEZES CORDEIRO, *Tratado de Direito civil*, 2, 4.ª ed., 2014, 857 ss., PEDRO PAIS VASCONCELOS, *Teoria geral do Direito civil*, 8.ª ed., 2015, 579 ss., LUÍS CARVALHO FERNANDES, *Teoria geral do Direito civil*, 2, 5.ª ed., 2010, 202 ss., JOSÉ DE OLIVEIRA ASCENSÃO, *Direito civil: Teoria geral*, 2, 2.ª ed., 2003, 136 ss., HEINRICH EWALD HÖRSTER, *A parte geral do Código Civil Português: Teoria geral do Direito civil*, 2003, 568 ss. e CARLOS MOTA PINTO, ANTÓNIO PINTO MONTEIRO e PAULO MOTA PINTO, *Teoria geral do Direito civil*, 4.ª ed., 2005, 504 ss.

[20] Veja-se, *v.g.*, GOTTFRIED BAUMGÄRTEL, *Beweislastpraxis im Privatrecht* (1995), 103-104, HANNS PRÜTTING, "Die non-liquet-Situation und die Normentheorie", in GOTTFRIED BAUMGÄRTEL, HANS-WILLI LAUMEN e HANNS PRÜTTING, *Handbuch der Beweislast: Grundlagen*, 3.ª ed., 2016, 236-258, n.ᵒˢ 11-15.
Porém, veja-se entre nós a exposição crítica de PEDRO MÚRIAS, *Por uma distribuição fundamentada do ónus da prova*, 2000, 60 ss., em especial, 74, onde o autor, reconhecendo que a doutrina tende a colocar na estatuição das normas de distribuição do ónus da prova uma ficção, sustenta ser possível «*uma apresentação mais enriquecida e simultaneamente mais simples*». A ficção é um meio legal de remissão, perante a qual o Direito desencadeia a estatuição antes reservada à *facti species* da norma alvo. «*Logo, o que importa é expressar a ocorrência de uma remissão. (...) Não se «presume» nem se «ficciona» a verificação de facto algum. Decide-se, na incerteza a seu respeito, como se ele se tivesse verificado*».

não tendo um facto sido provado, sendo por isso desconhecido pelo tribunal, este ficcionaria que se encontra provado o seu contrário e nessa ficção fundamenta a sua decisão.

Estas regras não solucionam as situações de *non liquet*, mas determinam a decisão do tribunal apesar da dúvida sobre a realidade de facto[21].

V. Temos, portanto, que a representação subjetiva de um certo estado de coisas – verdadeira ou falsa – surge como uma realidade suscetível de ponderação pelo Direito, e à qual este associa a produção de determinados efeitos[22].

Esta noção de conhecimento corresponde, justamente, à aceção técnico-jurídica com a qual iremos trabalhar nesta investigação.

2. Imputação de conhecimento

I. Não obstante a centralidade do conceito no discurso jurídico, não existe, em rigor, uma noção técnico-jurídica de *imputação*. A pluralidade de hipóteses normativas impede, aliás, a construção de um conceito unitário[23].

---

[21] Leo Rosenberg, *Die Beweislast auf der Grundlage des Bürgerlichen Gesetzbuchs und der Zivilprozessordnung*, 5.ª ed., 1965, 2-3, Baumgärtel, *Beweislastpraxis*, cit., 104. Entre nós, por todos, Miguel Teixeira de Sousa, *As partes, o objecto e a prova na acção declarativa*, 3 – *A prova em processo civil*, lições policopiadas, 2003/2004, 24-25.

[22] Por esta razão, temos algumas reservas quanto a definições de conhecimento que procuram sublinhar a correspondência entre a apreensão subjetiva e a realidade apreendida. Veja-se, por exemplo, a definição de Hans-Joachim Sallawitz, *Die tatbestandmäßige Gleichstellung von grobfahrlässiger Unkenntnis mit Kenntnis, ein dogmatisches und pratisches Problem des Privatrechts*, 1973, 50:

«*O saber é o conhecimento da factualidade (de uma situação jurídica), é a adequação (Übereinstimmung) entre a representação subjetiva e a realidade objetiva, é a correspondência entre a apreensão e o que é aprendido*».

O próprio autor esclarece, de seguida: «*o erro exclui o conhecimento*» (50). Trata-se de uma conceção ontologicamente verdadeira, mas que nos parece pouco técnica.

Entre nós, veja-se, por exemplo, Raúl Guichard, *Da relevância jurídica do conhecimento no direito civil*, 1996, 10 ss., que cita, aliás, Hans-Joachim Sallawitz.

[23] Neste sentido, Christian A. Fassbender, *Innerbetriebliches Wissen und bankrechtliche Aufklärungspflichten*, 1998, 23.

Ainda assim, pode dizer-se que a *imputação* corresponde a um *efeito normativo de atribuição*. Os contornos precisos de tal efeito dependem do objeto da atribuição, do lugar sistemático onde a atribuição normativa ocorre e do escopo, ou pluralidade de escopos, em presença.

Vejamos o que caracteriza a atribuição normativa a que chamamos *imputação de conhecimento*.

II. No *plano naturalístico*, o estado subjetivo de conhecimento é sempre daquele que conhece: *ato* e *objeto* coincidem no mesmo *subjectum*. A transmissão de conhecimento, quando existe, opera mediante um novo processo de apreensão intelectual, desenvolvido por outro sujeito, que dessse modo adquire um outro estado subjetivo de conhecimento, distinto daquele que lhe facultou os dados da apreensão.

No *plano jurídico*, nem sempre assim acontece. Para determinados fins, o Direito opera uma dissociação entre o sujeito que conhece e aquele a quem o estado de conhecimento é atribuído.

A representação de um certo estado de coisas (enquanto processo intelectual) ocorre em *A*, mas aquele a quem é atribuído o resultado da operação intelectual (o conhecimento-objeto) é *B*.

A é sujeito do ato de conhecer, mas *B* – por efeito de uma atribuição normativa a que chamamos imputação de conhecimento – é o sujeito do estado subjetivo em causa.

III. A imputação de conhecimento pode ocorrer entre pessoas singulares. Basta que, para um qualquer efeito, o Direito admita a dissociação entre o sujeito do ato de conhecer e o sujeito do estado subjetivo de conhecimento.

Em bom rigor, o art. 259.º/1 CC – cujo paralelo no § 166 BGB é tão relevante na temática que nos ocupa, como a seu tempo veremos[24] – assenta, na sua interpretação mais generalizada, num fenómeno de imputação: quem conhece é o representante, mas o conhecimento (os seus efeitos

---

[24] *Infra* p. 64-70.

jurídicos, entenda-se) – mercê do fenómeno representativo – é imputado ao representado[25].

IV. No caso das pessoas coletivas, porém, a imputação de conhecimento é o único modo de aferir um estado subjetivo de conhecimento. Com efeito, as pessoas coletivas não gozam de qualquer substrato psicológico onde possa ser encontrada a representação de uma certa realidade. O ato de conhecer, pela sua natureza, nunca se forma *na* pessoa coletiva.

Daqui decorre que o conhecimento da pessoa coletiva parte de uma dissociação entre a esfera jurídica onde ocorre o ato de conhecer (uma pessoa singular) e aquela onde o conhecimento é imputado (a pessoa coletiva em causa).

Qual o critério, ou critérios, que nos permite concluir no sentido da imputação é, justamente, o objeto desta investigação.

V. A este quadro soma-se um outro, cada vez mais relevante na prática: em determinados casos, a imputação de conhecimento pode também partir de atos informáticos de apreensão e gestão de conhecimento *sem intervenção humana*.

Em muitos casos, o tratamento informático da informação é acompanhado por pessoas singulares que nalgum momento a absorvem, assim se modelando um determinado estado psicológico de conhecimento. Noutros casos, porém, temos imputação independentemente de qualquer ato de conhecimento por uma pessoa singular e de um qualquer estado psicológico.

Uma vez mais, importa delinear critérios para a delimitação casuística da imputação do conhecimento à pessoa coletiva. Também isso é objeto desta investigação.

---

[25] Sobre a origem do art. 259.º e a sua densificação dogmática, veja-se, com extensa bibliografia, PEDRO DE ALBUQUERQUE, *A representação voluntária em direito civil*, cit., 1082 ss. Não cumpre, nesta sede, tomar partido acerca do alcance do preceito e o seu refluxo na natureza do fenómeno representativo. Veja-se, ainda, MARIA DE LURDES PEREIRA, "Os estados subjectivos", cit., 154 e ss.

VI. Temos, portanto, que a imputação de conhecimento nas pessoas coletivas tem, ainda, esta particularidade: nalguns casos, é ela própria – a imputação – constitutiva do conhecimento imputado[26].

Por regra, a imputação de conhecimento parte do estado psicológico de um sujeito em concreto, estado esse que pode ser partilhado ou não por outros sujeitos. Mas nem sempre assim acontece. Por vezes, o conhecimento imputado não existe *qua tale* em nenhum dos sujeitos relevantes. Enquanto objeto da imputação, ele resulta da agregação de diversos elementos cognitivos, alguns sem intervenção humana, e, não poucas vezes, muito distantes no tempo e no lugar.

Sempre que assim acontece, a imputação de conhecimento não se limita a atribuir o resultado de um processo cognitivo a um sujeito diverso daquele que conhece; «cria» de algum modo o próprio conhecimento imputado.

Esta observação é particularmente pertinente, como facilmente se intui, no caso da imputação de conhecimento nas sociedades comerciais.

VII. Uma última observação, ainda introdutória: *summo rigore*, imputar conhecimento é imputar efeitos jurídicos[27].

O Direito não atribui o resultado de uma operação intelectual como se de um objeto se tratasse. O que o Direito imputa são os efeitos jurídicos

---

[26] Veja-se, por exemplo, o caso das agências bancárias, *infra* p. 145 ss.

[27] Nos mesmos termos, no quadro da representação orgânica, a afirmação da imputação dos atos dos titulares dos órgãos à pessoa coletiva tem um valor meramente descritivo. O Direito imputa sempre tão-só efeitos jurídicos e não factos ou atos.
A construção gierkiana de imputação dos atos visava justificar, no quadro da sua descrição antropomórfica, uma mais ampla imputação de efeitos jurídicos à pessoa coletiva, com isso ultrapassando as limitações da *zweite Fiktion* savigniana.
Assim compreendida essa construção, podemos afirmar que, contrariamente ao sustentado por von Gierke, a representação voluntária e a representação orgânica não produzem uma imputação *qualitativamente diversa*. Tanto num caso como noutro se imputam efeitos jurídicos; simplesmente no caso da representação orgânica imputar-se-iam *mais efeitos* do que na representação voluntária.
Está portanto em causa apenas a latitude da esfera aplicativa, abarcando a representação orgânica todos os atos praticados em nome e por conta da pessoa coletiva no âmbito da sua competência (incluindo atos ilícitos, atos pessoais e atos meramente materiais).
Com desenvolvimentos e referências, veja-se José Ferreira Gomes, *Da administração à fiscalização das sociedades*, 2015, n.ºs de margem 1779-1786.

decorrentes do conhecimento. O conhecimento, esse – quando não é a própria imputação que o «cria» – está no sujeito da operação intelectual.

Tal torna-se evidente nos casos em que o intérprete-aplicador é chamado a lidar com o *dever de não ignorar*. Quando o Direito conclui que certo sujeito não conhecia mas devia conhecer, o que faz é imputar os efeitos jurídicos de um conhecimento (ontologicamente) inexistente.

Aprofundemos um pouco mais.

§ 3. Natureza da imputação de conhecimento às pessoas coletivas

1. A imputação de conhecimento como *juízo normativo*

I. É comum, na nossa ordem jurídica, a distinção entre o *conhecimento* de certo estado de coisas e o *dever de não o ignorar*[28].

Assim, por exemplo, o regime do abuso de representação só se aplica se o terceiro «*conhecia ou devia conhecer*» o abuso (art. 269.º CC); o erro só é juridicamente relevante se o declaratário «*conhecesse ou não devesse ignorar*» a essencialidade, para o declarante, do elemento sobre o qual incide o erro (art. 247.º CC); no âmbito das associações sem personalidade jurídica, as limitações impostas à atuação dos administradores são só oponíveis a terceiro quando este *"as conhecia ou devia conhecer"* (art. 195.º CC).

Da mesma forma, na modelação da má-fé subjetiva, equipara-se ao conhecimento de determinado facto, enquanto mero estado psicológico, o dever de o conhecer[29]. Isto vale não só perante disposições como os arts. 291.º/3 e 1648.º/1 CC, que referem expressamente o "desconhecimento sem culpa" e a "ignorância desculpável", mas também para outras, como os

---

[28] Veja-se, a este propósito, a distinção entre *positivem Wissen* e *Wissenmüssen* desenvolvida por Hans Christoph Grigoleit, "Zivilrechtliche Grungdlagen der Wissenszurechung", cit., 160-202, 169 ss.

[29] Sobre a boa-fé subjetiva, compreendendo a boa-fé em sentido psicológico (enquanto estado fáctico de mera ignorância) e a boa-fé em sentido ético (estado de ignorância valorado pelo Direito), e sobre a necessária leitura das múltiplas referências normativas à boa-fé subjetiva num sentido ético, cfr., por todos, António Menezes Cordeiro, *Da boa fé no direito civil*, 1984, 24, 415-526, *Tratado de Direito Civil*, 1, 4.ª ed., 2012, 964-966.

arts. 119.º/3, 243.º/2, 1260.º/1 e 1340.º/4 CC, com menções aparentemente limitadas ao "desconhecimento" ou à "ignorância".

II. Quando em causa estão pessoas singulares, a dicotomia *conhecimento* vs. *dever conhecer* ou *não ignorar* aponta para juízos de natureza diversa.

Com efeito, quando nos interrogamos se certa pessoa física conhecia o abuso de representação, a essencialidade do erro ou as limitações impostas à atuação dos administradores, indagamos acerca de um concreto estado psicológico de perceção da realidade.

Por outras palavras: procuramos determinar se naquele sujeito ocorreu o processo intelectual de apreensão da realidade (ato de conhecer), de tal sorte que possamos predicar o seu estado subjetivo de conhecimento[30].

O juízo em causa é essencialmente factual (o que convoca, naturalmente, diversas especificidades probatórias[31]): o sujeito conhece ou não conhece determinado estado de coisas[32].

III. Não assim quanto ao *dever de não ignorar*. Quando, no processo aplicativo do Direito, é colocada a questão de saber se o sujeito em causa devia conhecer o abuso de representação, a essencialidade do erro ou as limitações à atuação dos administradores, em causa está um *juízo de exigibilidade jurídica*.

O Direito assume, portanto, como certo, um estado psicológico de desconhecimento. Conforma-se com a inexistência do processo cognitivo indagado, mas entende que o estado subjetivo, ontologicamente em falta, devia existir: o sujeito *devia conhecer*.

Por tal razão, atribui àquele estado psicológico de ignorância os efeitos jurídicos do conhecimento, na justa medida em que entende juridicamente exigível a perceção da realidade em falta: os resultados objetivo-cerebrais

---

[30] Em causa está, portanto, um conceito naturalístico de conhecimento, que exige uma conexão biológica ou cerebral: HANS CHRISTOPH GRIGOLEIT, "Zivilrechtliche Grungdlagen der Wissenszurechung", cit., 160-202, 173 (quanto à noção de conhecimento construída a partir do acto de conhecer nas pessoas singulares).

[31] Com desenvolvimento e referências, cfr. CLÁUDIA ALVES TRINDADE, *A prova de estados subjetivos no processo civil*, cit., 69 ss.

[32] MENEZES CORDEIRO, *Tratado*, 2⁴, cit., 849.

são ampliados (ou até superados) em função de uma dimensão de disponibilidade (*Verfügbarkeitsdimension*) objetiva de conhecimento[33].

O *dever de não ignorar* – que equipara ao conhecimento um estado subjetivo de ignorância – é um *juízo normativo*: em causa está a aferição da existência de um *dever* que, uma vez violado, tem como consequência normativa a atribuição dos efeitos do conhecimento.

Qual a natureza de tal dever, o seu escopo, a relevância ou não da censurabilidade jurídica na sua violação, etc., são questões cuja resposta varia de acordo com o lugar sistemático em que sejam colocadas e que não podemos, aqui, aprofundar[34].

IV. No que às pessoas coletivas diz respeito, a distinção entre conhecimento e dever de não ignorar – baseada na aferição de uma perceção psicológica da realidade, por oposição a um juízo de exigibilidade do conhecimento em falta – é, em rigor, de difícil sustentação.

A imputação de conhecimento às pessoas coletivas é sempre um *juízo normativo*. Desde logo porque, como se disse, sendo a pessoa coletiva um (mero) regime jurídico, um modelo de decisão de casos concretos, não existe qualquer substrato psicológico onde possa ser encontrada a representação de uma certa realidade. Um *puro* juízo factual de conhecimento, nas sociedades comerciais, ou pessoas coletivas em geral, não parece possível.

V. Daqui decorre que a distinção entre conhecimento e dever de não ignorar, quanto às pessoas coletivas, é mais linguística que real.

Quando se afirma que uma sociedade conhecia *y* ou não devia ignorar *x*, não estamos a formular juízos de natureza radicalmente diversa. Constatamos, apenas, a presença mais ou menos intensa dos elementos normativos da imputação e a sua relação, mais estreita ou distante, com um comportamento humano concretamente identificável[35].

---

[33] HANS CHRISTOPH GRIGOLEIT, "Zivilrechtliche Grungdlagen der Wissenszurechung", cit., 160-202, 173.
[34] Sobre o tema, cfr. a análise profunda de MENEZES CORDEIRO, *Da boa fé*, cit., 415-526.
[35] Na base exemplificativa que oferecemos, esta realidade pode ser bem ilustrada. Pense-se, por exemplo, no caso das máquinas *overlock* (*infra* p. 105 ss.). Aí afirmamos que a sociedade *P* conhecia porque, ponderada a questão à luz da teoria do risco da organização, a ligação direta

2. A *plurifuncionalidade* do juízo de imputação

I. Qualquer juízo normativo é *problemático, valorativo* e *sinépico*: nasce de um caso concreto e orienta-se à sua solução, percorrendo os dados axiomáticos do sistema e testando a admissibilidade da conclusão em função das suas consequências.

Estas notas estão presentes de modo especialmente vincado na imputação de conhecimento às pessoas coletivas.

II. Como vimos, a atribuição do estado subjetivo de conhecimento a um sujeito diverso daquele que conhece está sempre sujeita a um concreto escopo. O Direito atribui conhecimento para algum efeito em concreto.

O escopo da imputação molda, de forma determinante, o sentido e o alcance da própria atribuição.

III. Temos, assim, que a resposta à pergunta «a sociedade conhece?» não pode ser dada sem a formulação de uma outra questão, prévia, «para que efeitos releva o conhecimento?».

Ao responder a esta questão prévia – *i.e.*, ao identificar o escopo da imputação –, o intérprete-aplicador identifica o lugar sistemático relevante onde a imputação opera. Tal lugar sistemático permite identificar os vetores do ordenamento que irão influir no juízo de imputação e na concretização da alocação de risco que o mesmo consubstancia (como a seu tempo veremos).

do juízo de imputação de conhecimento com o estado psicológico de A é mais facilmente expressa nesta formulação linguística.
Já no caso comunicação do sinistro (*infra* p. 130 ss.), por exemplo, somos tentados a dizer que P devia conhecer, porque, nesse caso, o fundamento da imputação está associado ao facto de a violação de um dever de partilha da informação integrar um risco da organização que corre por conta da sociedade. Dizer que a sociedade devia conhecer expressa de forma mais sugestiva, neste caso, o facto de a violação do dever de partilha da informação ser irrelevante para a imputação: os efeitos do conhecimento são atribuídos à sociedade.
Mas em qualquer dos casos, e independentemente da formulação linguística que escolhamos, o juízo é sempre normativo.

Não é indiferente saber, por exemplo, se a imputação de conhecimento ocorre para efeitos da formação e interpretação da vontade da sociedade ou para efeitos de ponderação do cumprimento de certa obrigação.

O facto de a imputação ser relevante para efeitos da interpretação do negócio jurídico, convoca, imediatamente, a presença dos vetores normativos e axiológicos fundamentais que presidem ao regime da interpretação.

A decisão de alocação de risco que a imputação determina não é alheia ao equilíbrio valorativo que o regime dos arts. 236.º e ss. CC promove entre a tutela da confiança do declaratário (e outros valores fundamentais do sistema) e o respeito pela vontade jurígena do declarante[36]. Do mesmo modo, se em causa estiver o cumprimento de uma obrigação, a concretização da imputação não pode ser alheia ao quadro normativo e valorativo da boa-fé na execução dos contratos (art. 762.º/2 CC).

IV. Esta constatação, sumariamente indiciada, conduz-nos a uma outra observação, não menos relevante: a *plurifuncionalidade* do juízo de imputação.

Não sendo sempre o mesmo o escopo da imputação, a resposta à pergunta «a sociedade conhece?» é, em tese, passível de tantas respostas quantas as que se possam dar àquela outra questão prévia «para que efeitos *releva o seu conhecimento?*».

É possível, portanto, que, na presença dos mesmos elementos de informação, o intérprete-aplicador deva, para determinados efeitos, imputar o conhecimento à sociedade e, para outros, não.

A imputação de conhecimento é, portanto, *plurifuncional* e *aberta*: permite várias concretizações, em função dos escopos em presença[37].

---

[36] MENEZES CORDEIRO, *Tratado*, 2⁴, cit., 748-749.
[37] Algo de semelhante ocorre em outros lugares do sistema. Pense-se, por exemplo, na imputação de direitos de voto prevista no art. 20.º CVM. É hoje largamente reconhecida a plurifuncionalidade da imputação, o que permite exaurir, da mesma base legal, resultados aplicativos diversos.
Também nesta sede, há que indagar, em primeiro lugar, o escopo da imputação. Determinado sujeito poderá deter 90% dos direitos de voto para os efeitos previstos na Diretriz da Transparência, por exemplo, e não deter tal percentagem de direitos de voto para efeitos da obrigação de lançamento de OPA .

3. Imputação de conhecimento e ponderação sinépica

I. Por fim, detenhamo-nos na ponderação sinépica que o juízo de imputação de conhecimento exige.

A realização do Direito, não deixando de ser sistemática, reclama sempre a justiça do caso concreto[38]. Para o efeito, o jurista não pode deixar de sujeitar a decisão a um teste final de adequação ao ordenamento.

II. O juízo de imputação de conhecimento exige, portanto, do intérprete-aplicador um juízo de prognose: sendo x o sentido de imputação, quais as consequências que daí se retiram na composição dos interesses em jogo? A ordem jurídica, considerada no seu todo, em particular a partir dos vetores que estruturam o sistema interno, suporta este concreto sentido da imputação? A ideia de Direito que perpassa o ordenamento é infirmada nesta decisão?

III. Esta ponderação sinépica da imputação de conhecimento pode ser especialmente útil nas situações mais complexas.

Se a decisão – projetada em função das suas consequências – nos surge desadequada à justiça material do caso concreto, muito possivelmente, nalgum passo da formação do juízo de imputação, foi esquecido, sob ou sobrevalorizado algum princípio ou vetor material do ordenamento.

Tal ponderação torna-se tanto mais necessária quanto a alocação de risco, que a imputação de conhecimento envolve, é uma realidade dinâmica.

Com referências, veja-se, por exemplo, PAULA COSTA E SILVA, "A imputação de direitos de voto na oferta pública de aquisição", *Direito dos Valores Mobiliários*, 7 (2007), 403-441 (438 ss.), "Organismos de Investimento Colectivo e imputação de direitos de voto", *CdMVM*, 26 (2007), 70-81, e "O conceito de accionista e o sistema de *record date*", *Direito dos Valores Mobiliário*, 8, 2008, 447-460, JOÃO MATTAMOUROS RESENDE, "A imputação de direitos de voto no mercado de capitais", *CdMVM*, 26 (2007), 59-69 e, com maior desenvolvimento, *A imputação de direitos de voto no mercado de capitais*, 2010, JOÃO SOARES DA SILVA, "Algumas observações em torno da tripla funcionalidade da técnica de imputação de direitos de voto no Código dos Valores Mobiliários", *CdMVM*, 26 (2007), 47-58.

[38] Mesmo quando em causa não está uma decisão segundo a equidade: com especial interesse, veja-se MANUEL CARNEIRO DA FRADA, "A equidade (ou a "justiça com coração"): A propósito da decisão arbitral segundo a equidade", *ROA*, 72:1 (2012), 109-145, e ANTÓNIO MENEZES CORDEIRO, "A equidade como fonte de Direito", *O Direito*, 144:1 (2012), 9-28.

O risco não se encontra alocado de certo modo sempre e em todos os momentos.

A dinamicidade da alocação só pode, por vezes, ser aferida em função de uma ponderação sinépica do juízo de imputação.

Os grupos de casos que apresentamos tornam patente tal dinamicidade.

II.
A IMPUTAÇÃO DE CONHECIMENTO NOS SISTEMAS DE *COMMON LAW*

§ 4. As *general rules of attribution*

1. As *rules of attribution: sistematização*

I. O problema da imputação de conhecimento às pessoas coletivas – *knowledge attribution* – é há muito conhecido dos sistemas de *common law*, nos quais é tratado sobretudo no quadro da *law of agency*, ao sabor do desenvolvimento da jurisprudência, com a fluidez característica das construções e da linguagem usada neste quadrante[39].

Onde a lei não ofereça uma solução específica de imputação[40], valem os quadros gerais que podem ser sistematizados com base na exposição de Lord Hoffmann, no famoso caso *Meridian Global Funds Management Asia Ltd. v Securities Commission*, de 1995[41], distinguindo, dentro das *rules*

---

[39] Tomamos aqui por referência os sistemas britânico e norte-americano. Sem prejuízo das diferenças entre um e outro, apresentamos uma exposição articulada, sublinhando tais diferenças onde isso se justifique.
[40] *Vide* os exemplos apresentados por EILIS FERRAN, "Corporate attribution and the directing mind and will", *Law Quarterly Review*, 127 (2011), 239-259 (240-241).
[41] [1995] 2 AC 500, 506-511.

of attribution[42], três vias de imputação: *(i)* a via das *general rules of attribution*; *(ii)* a via das *primary rules of attribution*; e *(iii)* a via das *special rules of attribution*[43].

Como desenvolvemos em seguida, a primeira traduz as regras gerais da imputação no quadro de uma relação de agência; a segunda corresponde às regras formais de imputação inerentes à personificação coletiva; e a terceira traduz a solução jurisprudencial para um conjunto de casos que não encontraram resposta nas duas vias anteriores.

2. As *general rules of attribution*

I. Comecemos pelas *general rules of attribution*, definidas pela *law of agency*[44]. O § 1.01 do *Restatement Third of Agency* define *"agency"* como a relação fiduciária que nasce quando uma pessoa (o "principal") autoriza outra pessoa (o "agente") a agir por sua conta e sob o seu controlo, e o agente consente em agir em conformidade.

A relação assim estabelecida traduz uma concessão de *authority* pelo principal ao agente, assente na manifestação de vontade de ambas as partes. Esta *"actual authority"* consiste na habilitação do agente para produzir efeitos na esfera jurídica do principal, dentro dos limites do ato de concessão.

---

[42] Nas palavras de *Lord Hoffmann*:
«*Any proposition about a company necessarily involves a reference to a set of rules. A company exists because there is a rule (usually in a statute) which says that a persona ficta shall be deemed to exist and to have certain of the powers, rights and duties of a natural person. But there would be little sense in deeming such a persona ficta to exist unless there were also rules to tell one what acts were to count as acts of the company. It is therefore a necessary part of corporate personality that there should be rules by which acts are attributed to the company. These may be called "the rules of attribution"*».
[43] PAUL L. DAVIES e SARAH WORTHINGTON, *Gower and Davies' principles of modern company law*, 9.ª ed., 2012, 165, FERRAN, "Corporate attribution", cit., 243.
A distinção é dificultada não só pela complexidade do tema, mas sobretudo pela *fluidez da linguagem* que caracteriza a jurisprudência e a doutrina anglo-saxónica. Esta "fluidez" poderia ser caracterizada como "menor rigor terminológico", mas tal caracterização seria necessariamente associada a uma perspetiva pejorativa que aqui expressamente se rejeita.
[44] A *law of agency*, desenvolvida pela jurisprudência, foi sucessivamente compilada em *restatements* pelo American Law Institute (ALI), em 1933, 1958 e em 2006, com um propósito de clarificação das opiniões prevalecentes.

Corresponde, à luz dos nossos quadros dogmáticos, à atribuição voluntária de poderes de representação[45].

À margem da *actual authority*, os atos do agente podem repercutir-se na esfera do principal quando a aparência de poderes do primeiro assim o justifique. São efeitos decorrentes da *"aparent authority"*, fenómeno tratado entre nós como representação aparente e tolerada[46].

II. As *general rules of attribution* definem os termos em que a posição jurídica do principal pode ser afetada pelos atos do seu agente[47] e, em coerência, o modo como o conhecimento deste pode ser imputado àquele (*attribution of knowledge*).

No Reino Unido, a lei é constituída por uma diversidade de casos em diferentes contextos que são dificilmente reconduzíveis a uma específica ordem[48]. É portanto essencial considerar o contexto do caso concreto em que a imputação é pertinente, não podendo afirmar-se um princípio geral de imputação do conhecimento do agente ao principal *em todos os momentos e para todos os efeitos*[49].

A jurisprudência é sintetizada por WATTS e REYNOLDS, nas seguintes regras[50]:

(1) A lei pode imputar ao principal conhecimento relativo ao conteúdo da agência que o agente adquira na sua atuação no âmbito das suas funções (*within the scope of his authority*)[51].
(2) Nos casos em que o agente esteja autorizado a celebrar um negócio no qual o seu conhecimento próprio seja relevante, o conhecimento que o mesmo adquiriu fora do âmbito dos seus poderes de

---

[45] HOWARD BENNETT, *Principles of the law of agency*, 2013, 4.
[46] BENNETT, *Principles*, cit., 5.
[47] BENNETT, *Principles*, cit., 6.
[48] PETER WATTS e FRANCIS REYNOLDS, *Bowstead and Reynolds on Agency*, 20.ª ed., 2014, 541, 543-544.
[49] Desde logo, deve distinguir-se a imputação em sede contratual e em sede delitual, como veremos de seguida.
[50] Atendendo em particular a *El Ajou v Dollar Land Holdings plc & Anor*, [1994] B.C.C. 143 ou 2 All E-R- 685. Cfr. WATTS e REYNOLDS, *Bowstead and Reynolds on Agency*[20], cit., 540.
[51] *Taylor v. Yorkshire Insurance Co Ltd*, [1913] 2 IrR 1, 21.

representação (*outside the scope of his authority*) pode ser igualmente imputado ao principal[52].

(3) Nos casos em que o principal tenha um dever de investigar (*duty to investigate*) e informar, podem ser-lhe imputados não apenas os factos de que tem conhecimento, mas também os factos que poderia esperar que lhe fossem comunicados pelos seus agentes[53].

(4) O conhecimento não é imputável ao principal nos casos em que o mesmo reclame sobre o incumprimento de um dever pelo seu próprio agente e, eventualmente, nos casos em que o agente tenha defraudado o principal no negócio em causa[54].

III. A solução depende, antes de mais, do enquadramento do caso no âmbito *contratual* ou *delitual*: no primeiro caso, depende do que tenha sido contratado ou do que a parte podia razoavelmente esperar que a contraparte soubesse, perante o conhecimento dos seus agentes[55]; no segundo caso, decorre dos deveres impostos por lei às partes[56].

Quando o conhecimento de um facto integre o *Tatbestand*, a solução decorre da interpretação da norma em causa perante as circunstâncias do caso concreto. Cabe ao intérprete-aplicador determinar quais as regras de imputação que da mesma decorrem[57].

IV. Contrariamente ao verificado no Reino Unido, nos Estados Unidos, o § 5.03 do *Restatement Third on Agency* afirma expressamente um tal princípio geral:

«*For purposes of determining a principal›s legal relations with a third party, notice of a fact that an agent knows or has reason to know is imputed to*

---

[52] *El Ajou v Dollar Land Holdings plc & Anor*, [1994] B.C.C. 143 ou 2 All E-R- 685, 702.
[53] *Idem*.
[54] Cfr., v.g., *Belmont Finance Corp Ltd v Williams Furniture Ltd*, [1979] Ch 250, 261-262.
[55] *Jafari-Fini v. Skillglass Ltd*, [2007] EWCA Cv 261, 97.
[56] WATTS e REYNOLDS, *Bowstead and Reynolds on Agency*[20], cit., 541.
[57] Em qualquer caso, haverá que distinguir entre *imputed knowledge* e *constructive knowledge*: o primeiro corresponde ao conhecimento do agente imputado ao principal; o segundo ao conhecimento que o principal deve ter por força da diligência que lhe é exigida no caso. WATTS e REYNOLDS, *Bowstead and Reynolds on Agency*[20], cit., 541, 543.

the principal if knowledge of the fact is material to the agent›s duties to the principal, unless the agent
(a) acts adversely to the principal as stated in § 5.04, or
(b) is subject to a duty to another not to disclose the fact to the principal».

V. Apontam-se em geral três fundamentos para a imputação de conhecimento do agente ao principal, com diferentes alcances práticos.

O primeiro centra-se na identidade de um e de outro: o agente confundir-se-ia, para este efeito, com o principal e *vice versa*[58]. Trata-se de uma argumentação de pendor conceptualista[59], segundo a qual o principal não

---

[58] Cfr. *Stump v. Indiana Equip. Co.*, 601 N.E.2d 398, 403 (Ind.App.1992):
«[i]mputed knowledge is a tenet of agency law, and is based on an underlying legal fiction of agency – the identity of agent and principal when the agent is engaged in the principal's business».
O recurso à ficção, no mundo anglo-saxónico, foi sendo paulatinamente abandonado, fruto também da crítica da *legal fiction* como fundamento da *corporate personality* (com desenvolvimento, LON L. FULLER, *Legal fictions*, 1967, 14 ss. e 49 ss.). A imputação de conhecimento, com base nas *general rulles of attribution*, passou a dar-se tendo por base os deveres de comunicação do *agent* ao *principal*, como melhor veremos.
A título exemplificativo, retenha-se o caso *Apollo Fuel Oil v. United States*, de 1999 (195 F.3d 74). Em causa estava saber se a sociedade *Apollo*, uma empresa de camionagem, tinha conhecimento de que certo camião transportava *red-dyed fuel* (facto gerador de uma concreta penalidade fiscal), tendo por base de imputação o conhecimento de um dos seus empregados. O *US Court of Appeals* entendeu do seguinte modo:
«Nor do we see any error in the court's finding that Apollo as a corporate entity had reason to know of the presence of red-dyed fuel intentionally placed in its truck's propulsion tank. In general, when an agent is employed to perform certain duties for his principal and acquires knowledge material to those duties, the agent's knowledge is imputed to the principal» (195 F.3d 74, 76).
A fundamentação reside agora nos deveres do *agent* face ao *principal*, que envolvem a obrigação de comunicação do conhecimento adquirido pelo *agent* no exercício das suas funções. Mais expressivo é o caso *Cromer Finance Ltd. v. Berger*, de 2003 (245 F.Supp.2d 552). O fundamento da imputação de conhecimento ao *principal* são os deveres do *agent*. Contudo, o *US District Court, S.D. New York* partiu de uma presunção do cumprimento do dever de comunicação ao principal:
«The law presumes that it is fair to find that that which the agent knows, the principal knows as well, because it is also presumed that in the normal course of their relationship, the agent will have a duty to disclose information acquired in the course of the agency» (245 F.Supp.2d 552, 260)
No mesmo sentido, seguem as decisões dos casos *Triple A Management Company, Inc. v. Larry F. Frisone*, de 1999 (81 Cal.Rptr.2d 669) e *Southport Little League v. Steven Vaughan*, de 2000 (734 N.E.2d 261, 275), por exemplo.
[59] WATTS e REYNOLDS, *Bowstead and Reynolds on Agency*[20], cit., 544.

deve poder usar o agente para se colocar numa posição melhor do que aquela em que estaria se tivesse atuado pessoalmente[60].

Esta fundamentação leva implícita a restrição da imputação aos casos em que o agente obteve o conhecimento ao serviço do principal, restrição essa que foi rejeitada tanto no *Restatement Second* como no *Restatement Third of Agency* (§ 5.03)[61].

VI. O segundo fundamento assenta no dever de prestação de informação pelo agente ao principal: tendo o agente obtido conhecimento de um facto (dentro ou fora do âmbito da relação de agência) que estava obrigado a comunicar ao principal, presume-se que o fez[62].

Esta presunção é teoricamente ilidível. Porém, na prática, parece que a mesma acaba por ser afastada apenas nos casos de fraude do agente perante o principal, em que há *moral certainty* de que a informação não foi transmitida pelo agente ao principal (*fraud exception*)[63].

No Reino Unido, este fundamento, que permite imputar ao principal também determinados conhecimentos obtidos fora do âmbito da sua relação de agência, foi sustentado por um longa lista de casos e rejeitada por outra lista igualmente longa[64]. Em particular, foi rejeitado pela decisão proferida no caso *El Ajou*[65], já referido.

---

[60] Vale a velha máxima jurisprudencial, que remonta ao séc. XVIII, ao caso *Sheldon v Cox*, (1764) 2 Eden 224, 228, de que:
«[It] is a fixed and settled principle that notice to an agent is notice to the principal. If it were held otherwise it would cause great inconvenience, and notice would be avoided in every case by employing agents».

[61] FRANCIS REYNOLDS, *Bowstead and Reynolds on Agency*, 16.ª ed., 1996, 533, WATTS e REYNOLDS, *Bowstead and Reynolds on Agency*[20], cit., 545-547.

[62] REYNOLDS, *Bowstead and Reynolds on Agency*[16], 532, WATTS e REYNOLDS, *Bowstead and Reynolds on Agency*[20], cit., 544.

[63] Em coerência com este fundamento e perante as dúvidas suscitadas sobre o *momento* a partir do qual se reconhece a imputação do conhecimento ao principal, sustenta-se em geral uma coincidência com o momento em que é constituído o dever de prestação de informação pelo agente ao principal: o conhecimento do agente é imputado ao principal após o decurso do tempo razoavelmente necessário para que o primeiro o comunicasse ao segundo. Só assim não é nos casos em que o agente atue de forma fraudulenta relativamente ao principal (*fraud exception*). REYNOLDS, *Bowstead and Reynolds on Agency*[16], cit., 532-533.

[64] WATTS e REYNOLDS, *Bowstead and Reynolds on Agency*[20], cit., 544.

Diferentemente, nos EUA, parece estar mais consolidada a sua aceitação[66].

VII. O terceiro fundamento para a imputação centra-se no seu impacto no comportamento. Nos termos expostos pelo *Restatement Third on Agency*, a imputação cria fortes incentivos para que o principal conceba e aplique sistemas efetivos através dos quais o agente trata e comunica informação.

Ao atribuir ao principal o conhecimento de factos que o agente conhece ou tem o dever de conhecer, a imputação reduz os incentivos para lidar com os agentes de forma a evitar as consequências legais de factos que o principal preferiria não conhecer[67].

Este fundamento tem subjacente uma ponderação (por vezes não assumida) de esferas de risco, segundo a qual o principal deve suportar o risco de organização inerente à sua relação com o agente.

3. A aplicação das *general rules of attribution* às sociedades comerciais

I. As *general rules of attribution* valem também para a imputação de conhecimento às sociedades comerciais, nos termos sintetizados, no Reino Unido, pela *Law Commission*:

> «*A firm, as principal, will normally be treated as possessing the knowledge that is possessed by its agents and officers which it is the responsibility of these agents and officers to acquire or receive on behalf of the firm and communicate to it*»[68].

---

[65] [1994] B.C.C. 143, 157. *Vide* também as críticas de WATTS e REYNOLDS, *Bowstead and Reynolds on Agency*[20], cit., 545.
[66] Assim, no domínio societário, sem prejuízo das exceções reconhecidas, presume-se que o agente comunica à sociedade a informação de que tem conhecimento, sendo tal presunção inilidível. Alguma jurisprudência, porém, recorre à ficção de identidade entre principal e agente. Cfr. WILLIAM MEADE FLETCHER, *Fletcher Cyclopedia of the law of corporations*, 3, 2010, 16-28.
[67] § 5.03 do *Restatement Third of Agency*, anot. c.
[68] THE LAW COMMISSION, *Fiduciary Duties and Regulatory Rules, Consultation paper no. 124*, 1992, 20, bem como *Fiduciary Duties and Regulatory Rules, Report on a reference under section 3(1)(e) of the Law Commissions Act 1965*, 9.

Assumindo um conceito amplo de agente, no sentido de incluir os *officers*[69], estas regras aplicam-se a todas as relações estabelecidas pela sociedade, enquanto principal, e um seu qualquer agente, incluindo nesta categoria o administrador (em modo singular) [70] ao qual tenha sido conferida *authority*[71] para o ato em causa[72].

No mesmo sentido, nos EUA, «*the general rule is well established that a Corporation is charged with constructive knowledge, regardless of its actual knowledge, of all material facts of which its office or agent receives notice or acquires knowledge while acting in the course of employment within the scope of his or her authority, even though the officer or agent does not in fact communicate the knowledge to the corporation*».
FLETCHER, *Fletcher Cyclopedia of the law of corporations*, cit., 3, 12 ss. (16-21).
Refira-se ser imputável à sociedade não apenas o conhecimento que o agente tem (*actual knowledge*), mas também aquele que devia ter (*constructive knowledge*). FLETCHER, *Fletcher Cyclopedia* 3, cit., 54-56, SEYMOUR D. THOMSON, JOSEPH W. THOMPSON e EDWARD F. WHITE, *Commentaries on the law of corporations*, 3, 1927, 317 ss.
A referência simultânea a *officers* e *agents* parece dirigida a cobrir todo o leque de possíveis atuações por conta da sociedade, incluindo tanto a atuação das pessoas que, pelo *office* que ocupam, são qualificados como *officers* (WILLIAM MEADE FLETCHER, *Fletcher Cyclopedia of the law of corporations*, 2, 2014, 14, 16 ss.), como a atuação de outras pessoas com as quais a sociedade estabeleça um vínculo de agência. Ao esclarecer que as *rules of attribution* se aplicam tanto aos *officers* como aos *agents* da sociedade, evita quaisquer dúvidas que pudessem decorrer da eventual distinção entre uma figura e outra.
Para FLETCHER, *v.g.*, existe uma distinção entre o *officer* que gere a atividade da sociedade e os seus meros agentes. Assim, *e.g.*, o *presidente* é um *executive officer* que, como tal, atua e fala pela sociedade na prossecução do seu objeto. A distinção assenta também no modo de designação: o *officer* é designado pelos administradores ou pelos sócios; o *agent* é designado por um ou mais *officers*. Em todo o caso, explicam os autores, os *officers* são frequentemente referidos como *agents* e ocupam essa posição nas relações da sociedade com terceiros. FLETCHER, *Fletcher Cyclopedia*, cit., 2, 11 ss.

[69] Nos termos afirmados, *v.g.*, por WILLIAM A. GREGORY, *The law of agency and partnership*, 3.ª ed., 2001, 137.
[70] DAVIES e WORTHINGTON, *Gower and Davies' principles of modern company law*⁹, 165. Sobre a imputação do conhecimento dos administradores em modo coletivo, *vide* o ponto seguinte.
[71] Sem prejuízo das considerações decorrentes da *apparent authority*, em particular a decorrente da natureza do cargo ocupado. Cfr., *v.g.*, FLETCHER, *Fletcher Cyclopedia*, 2, cit., 364-365.
[72] GREGORY, *The law of agency and partnership*³, cit., 137. Explicam COX, HAZEN e O'NEAL que, na medida em que a lei, os *corporate charters* e os *bylaws* atribuam poderes aos diretores em modo coletivo e não em modo singular, o administrador individualmente considerado não pode ser qualificado como agente, a menos que lhe seja conferida *authority* para o ato em causa. Cfr. JAMES D. COX, THOMAS LEE HAZEN e F. HODGE O'NEAL, *Corporations*, 1, 2000, 8.10. Esta exposição tem inerente uma pré-compreensão do conselho de administração como "agente", o que não implica necessariamente a sua sujeição às designadas *general rules of attribution*.

Assim, os administradores executivos, que são simultaneamente *officers of the company*, atuam como *agents*, segundo as *general rules of attribution*, sendo o seu conhecimento imputado à sociedade.

Diferentemente, o conhecimento dos administradores não-executivos, que não são *officers*[73], não é imputado à sociedade[74], por falta de fundamento seja nas *general*, seja nas *primary rules of attribution*, analisadas em seguida[75].

VII. A aplicação das *general rules of attribution* às sociedades não impede o reconhecimento de especificidades neste contexto, decorrentes da necessária articulação dos agentes da sociedade, integrados em distintos

---

Em todo o caso, deve sublinhar-se a diferença de uma tal perspetiva com aqueloutra sustentada por Gower e referida adiante, de distinção entre agentes e órgãos.

[73] Sobre o conceito de "administrador não-executivo" nos EUA, não coincidente com o possível no sistema português, em particular perante o art. 423.º-B/3 CSC, veja-se José Ferreira Gomes, *Da administração à fiscalização das sociedades*, cit., 668-673.

[74] Na leitura que fazemos de Gregory, *The law of agency and partnership*³, cit., 137: exercem as suas funções apenas nas reuniões do conselho, e o seu conhecimento só é imputável à sociedade se obtido na sua *official capacity*. O conhecimento obtido nas reuniões do conselho é em geral imputado à sociedade; o conhecimento obtido por outra via só seria imputado se enquadrado na sua *official capacity*. Se um administrador presente na reunião do conselho tem conhecimento de uma informação relevante para uma atuação do mesmo, esse conhecimento é imputado à sociedade, independentemente da forma como o administrador o obteve e de este o comunicar aos demais membros ou não. Considera-se que neste caso o administrador tem o conhecimento enquanto atua na sua *official capacity* e está adstrito a um dever de comunicação. Cfr. Cox, Hazen e O'Neal, *Corporations*, cit., 1, 8.40.

[75] Segundo Gregory, *The law of agency and partnership*³, cit., 137, nos EUA, a imputação do conhecimento do administrador à sociedade enfrenta dificuldades, na medida em que os administradores tradicionalmente atuam nas reuniões do conselho e não podem vincular a sociedade individualmente, mas apenas quando atuam em modo coletivo.
Diferentemente, Watts e Reynolds, *Bowstead and Reynolds on Agency*²⁰, cit., 553-554, sustentam "como ponto de partida" que o conhecimento por um administrador (*qualquer?*) de um facto que seja relevante para a posição de um terceiro é, *em regra*, imputado à sociedade. Segundo os autores, vale a ideia geral de que, quanto mais amplo é o poder de representação do agente, menos admissível é a possibilidade de o principal recusar o conhecimento de factos que lhe sejam inconvenientes. Uma tal afirmação parece partir de uma necessária qualificação do administrador como agente da sociedade o que, como veremos, não é em geral admitido.

departamentos ou unidades funcionais de natureza diversa, como veremos nos diferentes grupos de casos[76].

Não impede também a operacionalidade de outras vias de imputação, como veremos de seguida.

§ 5. As *primary rules of attribution*

1. Noção

I. Como vimos, as *general rules of attribution* enquadram a imputação do conhecimento do agente ao principal, no âmbito de uma relação de agência, através da qual se verifica uma concessão de *authority* que se aproxima, nos nossos quadros dogmáticos, da atribuição voluntária de poderes de representação.

A estas regras gerais somam-se regras específicas inerentes à personificação coletiva, as *primary rules of attribution*, que resultam da lei e dos documentos que regulam a distribuição de poderes e de responsabilidades na vida da sociedade (*articles of association* ou *articles of incorporation, bylaws, shareholder agreements*)[77].

II. No Reino Unido, em princípio, os atos praticados pelos *decision--making bodies* são imputados à sociedade, nesta categoria se incluindo tanto os administradores, como os sócios, mas em modo coletivo: o conselho de administração e a coletividade de sócios, reunida ou não em assembleia geral.

Porém, a resposta a dar em cada caso concreto depende do que dispuser o contrato de sociedade[78], atenta a ampla liberdade contratual que caracteriza o sistema britânico[79]. Cabe aos *articles of association* operar a distribuição

---

[76] Em particular no § 23, p. 145 ss. *infra*, relativo à agregação de informação.
[77] FERRAN, "Corporate attribution", cit., 243.
[78] DAVIES e WORTHINGTON, *Gower and Davies' principles of modern company law*[9], cit., 163-166.
[79] Recorde-se, a este propósito, que no sistema britânico a regulação da estrutura, composição e funcionamento da administração da sociedade é consideravelmente mais flexível

de poderes entre sócios e administradores, nos termos considerados mais adequados em função das específicas características do projeto societário.

Nos EUA vigora idêntica liberdade contratual[80], mas a solução supletiva passa pela atribuição dos poderes de administração ao conselho de administração. Esta solução pode ser modelada pelos sócios nos *articles of incorporation,* nos *bylaws*[81] ou por acordo parassocial[82].

III. Tanto num sistema como noutro, a solução mais comum na prática passa pela atribuição da generalidade dos poderes ao conselho de administração[83], pelo que os atos por este praticados são tidos, para todos os efeitos, como atos da sociedade[84]. Em conformidade, o conhecimento dos administradores (em modo coletivo) é em princípio imputado à sociedade, sendo, para todos os efeitos, considerado conhecimento próprio desta.

Na medida em que os administradores individualmente considerados não representem e não tenham poderes para vincular a sociedade,

---

do que nos sistemas romano-germânicos. Nos termos do *Companies Act 2006,* uma *private company* tem de ter pelo menos um administrador; uma *public company* tem de ter pelo menos dois administradores (secção 154). Contudo, a sua competência interna não é regulada com carácter injuntivo no corpo principal da lei, sendo antes objeto de disposições opcionais nos modelos de estatutos que tradicionalmente – e até 2009 – constavam da *Table A,* tanto para *public companies* como para *private companies* (cfr. § 70). Cfr. José Ferreira Gomes, *Da administração à fiscalização das sociedades,* cit., §§ 56.1 e 56.2, 615 ss.

[80] Também no sistema norte-americano se verifica uma liberdade contratual muito superior à patente nos sistemas da Europa continental, sendo a regulação jussocietária tendencialmente supletiva. Cfr., *v.g.,* as leis dos Estados de Delaware (§ 141(a) *General Corporations Law*), Nova Iorque (§ 701 *NY Code – Business Corporation*), Nevada (NRS 78.115 e NRS 78.120 *Nevada Private Corporation Statutes*) ou Califórnia (§ 300 *Corporations Code*). Cfr. José Ferreira Gomes, *Da administração à fiscalização das sociedades,* cit., § 55.1, 582 ss.

[81] Os quais tipicamente também podem ser conformados pelos administradores. Cfr., *v.g.,* Bainbridge, *Corporate law*[2], cit., 15-19.

[82] Nos termos previstos no *Model Business Corporations Act* (MBCA), §§ 7.32 e 8.01, sendo a solução *supletiva* de atribuição dos poderes de administração ao conselho de administração.

[83] Cfr., *v.g.,* sobre o Reino Unido: Davies e Worthington, *Gower and Davies' principles of modern company law*[9], cit., 166, e sobre os EUA: Franklin A. Gevurtz, *Corporation law,* 2.ª ed., 2010, 190, Bainbridge, *Corporate law*[2], cit., 72.

[84] Brenda Hannigan, *Company Law,* 4.ª ed., 2016, 78, Derek French, Stephen W. Mayson e Christopher L. Ryan, *Mayson, French & Ryan on Company Law,* 32.ª ed., 2015, 632-633, Bennett, *Principles,* cit., 7.

o conhecimento por estes adquirido não é imputável à sociedade, salvo se comunicado aos demais administradores[85].

Porém, se o administrador em causa for qualificado como agente, com os inerentes poderes de representação, fica sujeito às *general rules of attribution*, nos termos já analisados[86].

2. Reconduções dogmáticas: um organicismo anglo-saxónico?

I. A doutrina anglo-saxónica não sente a mesma necessidade de sistematização que caracteriza a doutrina continental, pelo que em geral não se encontram tentativas de recondução dogmática destas linhas básicas desenhadas pela jurisprudência.

Como exceção que confirma a regra, no Reino Unido, Gower sustentou em tempos uma teoria organicista (*"organic theory"*), afirmando que os tribunais reconhecem a distinção entre "órgãos"[87] e "agentes" mais claramente do que o legislador britânico, não obstante a sua centralidade para os demais Estados-membros da UE, refletida nas Diretrizes europeias[88].

Neste sentido, destaca-se uma histórica afirmação em *Lennard's Carrying Company, Ltd. v Asiatic Petroleum Company, Ltd.*, de 1915[89], caso a que voltaremos adiante e no qual se analisou a responsabilidade da sociedade proprietária de um navio, pelos danos sofridos pelos donos da carga de benzina transportada, que se perdeu quando o navio encalhou e explodiu:

---

[85] Cfr., *e.g.*, *Hill v State*, 487 S.W.2d 624 (Ark. 1972), *D'Aubin v Mauroner-Craddock, Inc.*, 251 So.2d 398 (La. 1971). Cfr. tb. Cox, Hazen e O'Neal, *Corporations*, cit., 1, 8.39, Gevurtz, *Corporation law*², cit., 190.

[86] Cfr. § 4 *supra*.

[87] Por "órgãos sociais" devem entender-se os centros de imputação de normas jurídicas, correspondentes a estruturas de organização humana permanentes, funcionalmente ordenadas à prossecução dos interesses da pessoa coletiva, nos termos das competências atribuídas a cada um, e que, em conjugação entre si, permitem a autodeterminação da mesma.
Sobre esta definição, no quadro da personificação coletiva, veja-se José Ferreira Gomes, *Da administração à fiscalização das sociedades*, cit., 677-703, em especial, 694-695.

[88] *Vide* a posição defendida na 5.ª edição do seu manual que deixou de constar a partir da 6.ª edição. Cfr. Lawrence Gower, *Gower's Principles of Modern Company Law*, 5.ª ed., 1992, 193-198.

[89] [1915] AC 705.

«*My Lords, a corporation is an abstraction. It has no mind of its own any more than it has a body of its own; its active and directing will must consequently be sought in the person of somebody who for some purposes may be called an agent, but who is really the directing mind and will of the corporation, the very ego and centre of the personality of the corporation. (...) the fault or privity is the fault or privity of somebody (...) for whom the company is liable because his action is the very action of the company itself*».

II. Esta perspetiva antropomórfica que, na sua dimensão descritiva, se aproxima da exposição de VON GIERKE no final do séc. XIX[90], foi continuada por Lord Denning LJ, na também famosa e muito citada decisão do caso *H.L. Bolton (Engineering) Co. Ltd. v T. J. Graham & Sons Ltd.*, de 1957[91], no qual se discutia se a sociedade senhoria teria resolvido um contrato de arrendamento eficazmente, com fundamento na sua intenção de ocupar o espaço locado para desenvolver a sua própria atividade:

«*A company may in many ways be likened to a human body. It has a brain and nerve centre which controls what it does. It also has hands which hold the tools and act in accordance with directions from the centre. Some of the people in the company are mere servants and agents who are nothing more than hands to do the work and cannot be said to represent the mind or will. Others are directors and managers who represent the directing mind and will of the company, and control what it does. The state of mind of these managers is the state of mind of the company and is treated by the law as such. So you will find that in cases where the law requires personal fault as a condition of liability in tort, the fault of the manager will be the personal fault of the company*».

Para GOWER, apesar de a linguagem usada na jurisprudência indiciar uma construção de levantamento da personalidade jurídica (*"lifting the veil"*), na verdade esta daria corpo a uma *teoria organicista* que permitiu

---

[90] Segundo DAVIES e WORTHINGTON, *Gower and Davies' principles of modern company law*[9], cit., 199 (n. 138), a influência germânica no pensamento do Visconde Haldane LC justificar-se-ia pelo facto de este ter desenvolvido parte da sua formação jurídica na Alemanha.
[91] [1957] 1 Q.B. 159, 172.

ultrapassar as dificuldades inerentes a saber se é imputável ao principal a informação conhecida por um seu agente que não aquele que o representa no negócio em causa[92].

III. Segundo GOWER, tratar a sociedade como o *alter ego* dos seus controladores[93], e *vice versa*, não traduziria a realidade: os controladores não seriam o *alter ego* da sociedade, mas uma parte orgânica do *ego* desta.

No caminho trilhado pelas decisões proferidas nos casos *H. L. Bolton (Engineering) Co. Ltd. v T. J. Graham & Sons Ltd.* e *Tesco Supermarkets Ltd. v Nattrass*[94], a resposta dependeria da existência de discricionariedade empresarial e controlo, em geral, sobre toda a atividade da sociedade ou apenas sobre a parte desta a que diz respeito o negócio em causa.

Esta posição, defendida por GOWER na 5.ª edição do seu manual, não consta das edições subsequentes. Encontram-se porém alguns resquícios deste seu pensamento na parte em que se afirma que:

> «Where the board or the shareholders collectively act, they constitute the company, ie they act as the company. They are not its agents»[95].

IV. Contra esta construção de GOWER, há quem recorde que, no famoso caso *Meridian Global Funds Management Asia Ltd. v Securities Commission*, de 1995[96], Lord Hoffmann distinguiu entre as *general rules of attribution* e as *primary rules of attribution*, mas não afastou a qualificação como "agentes" dos *bodies of persons* a que estas últimas se aplicam.

Neste caso, Lord Hoffmann analisou expressamente as palavras de Lord Haldane em *Lennard's* e o seu enquadramento por Gower à luz da perspetiva organicista alemã, concluindo expressamente em sentido contrário:

---

[92] GOWER, *Gower's Principles of Modern Company Law*[5], cit., 195.
[93] Cfr. os desenvolvimentos sobre a *directing mind and will doctrine* ou *alter ego theory* § 6, p. 50 ss. *supra*.
[94] Analisado adiante.
[95] DAVIES e WORTHINGTON, *Gower and Davies' principles of modern company law*[9], cit., 165.
[96] [1995] 2 AC 500.

«English law has never taken the view that the knowledge of a director [is] ipso facto imputed to the company (...). Unlike the German Geschäftsführer, an English director may as an individual have no powers whatever»[97].

Assim, WATTS e REYNOLDS, por exemplo, reconduzem as *primary rules of attribution* a uma simples fonte de *authority* para os agentes em causa e qualificam o conselho de administração e a coletividade de sócios como *bodies of co-agents*[98].

V. Nos EUA, os poderes dos administradores foram há muito delineados fora dos quadros da agência. Como expressou o *Court of Appeals of New York* no caso *Manson v Curtis*, em 1918[99]:

«In corporate bodies, the powers of the board of directors are, in a very important sense, original and undelegated. The stockholders do not confer, nor can they revoke, those powers. They are derivative only in the sense of being received from the state in the act of incorporation. The directors convened as a board are the primary possessors of all the powers which the charter confers, and like private principals they may delegate to agents of their own appointment the performance of any acts which they themselves can perform».

Hoje, sem prejuízo das flutuações de alguma jurisprudência e doutrina, a questão parece consolidada pelo comentário *f.* ao § 1.01 do *Restatement Third on Agency*[100]:

«Although a corporation›s shareholders elect its directors and may have the right to remove directors once elected, the directors are neither the shareholders' nor the corporation's agents as defined in this section, given the treatment of directors within contemporary corporation law in the United States».

---

[97] [1994] B.C.C. 143, 159.
[98] WATTS e REYNOLDS, *Bowstead and Reynolds on Agency*[20], cit., 15-16.
[99] 223 N.Y. 313, 322.
[100] E já antes o *Restatement Second* § 14 C. Cfr., *v.g.*, BAINBRIDGE, *Corporate law*[2], cit., 90.

VI. Ao sustentar que os poderes dos administradores são originários e não delegados, afastando a sua recondução às regras da agência, esta posição aproxima-se da construção organicista própria da Europa Continental, sem que tal seja expressamente declarado.

Em todo o caso, a doutrina e a jurisprudência centram-se na atuação da sociedade através dos seus *officers* e *agents*[101], na medida em que tipicamente a condução da atividade empresarial é delegada pelo *board* a determinados *officers* e estes, por sua vez, delegam poderes específicos a *agents*[102].

§ 6. As *special rules of attribution*

1. Origem: a *directing mind and will doctrine*

I. Para além das regras gerais da agência (*general rules of attribution*) e das regras relativas à distribuição de poderes e responsabilidades entre os *decision making bodies* da sociedade (*primary rules of attribution*), podemos hoje encontrar regras especiais de imputação às sociedades (*special rules of attribution*).

Estas regras encontram a sua origem na *directing mind and will doctrine*. A ideia de sociedade comercial que lhe subjaz assenta na identificação da realidade corporativa com as pessoas que constituem o seu *alter ego*, delineada na histórica decisão proferida pela *House of Lords* em 1915, no caso *Lennard's Carrying Company, Ltd. v Asiatic Petroleum Company, Ltd.*[103].

---

[101] Cfr., *v.g.*, ROBERT W. HAMILTON, JONATHAN R. MACEY e DOUGLAS K. MOLL, *The law of business organizations: cases, materials, and problems*, 12.ª ed., 2014, 15 ss., JAMES D. COX e THOMAS LEE HAZEN, *Business organizations law*, 3.ª ed., 2011, 48.

[102] Esta prática é enquadrada pela redação típica das normas legais de competência do *board*. Vide, *v.g.*, o § 141(a) da *General Corporations Law* do Estado do Delaware:

«*The business and affairs of every corporation organized under this chapter shall be managed by or under the direction of a board of directors, except as may be otherwise provided in this chapter or in its certificate of incorporation*» (realce nosso).

Cfr., *v.g.*, COX e HAZEN, *Business organizations law*³, cit., 139 ss.

[103] [1915] AC 705.

A *Lennard's* era proprietária de um navio que transportava benzina para a *Asiatic* e encalhou porque o mau estado das suas caldeiras não permitia a produção de energia suficiente para a sua navegação. Ao encalhar produziram-se danos no seu casco e consequente derramamento de benzina cujo vapor, em contacto com o fogo das caldeiras, causou uma explosão que resultou na perda do navio e da sua carga.

Tendo sido demandada pela *Asiatic*, a *Lennard's* invocou a proteção conferida pelo *Merchant Shipping Act 1894*, s. 502, que excluía a responsabilidade dos proprietários dos navios relativamente aos danos produzidos por incêndio nos bens transportados, desde que os mesmos ocorressem «without its actual fault or privy»[104]. A sua defesa assentava no pressuposto de que:

> «*In the case of a company the persons responsible would be the board of directors. There is a distinction between the board, who have the general management and control of the company, and a person appointed by the board or by the company at general meeting to do a particular class of acts*».

Assim, seria necessário que todos os membros do seu conselho de administração conhecessem o estado do navio para que se pudesse afirmar que também a sociedade tinha consciência do mesmo e que, portanto, era corresponsável (*privy*) pelo naufrágio, por não ter adotado as medidas adequadas a preveni-lo[105].

II. Em juízo só foi demonstrado que um dos administradores da sociedade, o Senhor *Lennard*, sabia ou devia saber que o navio não tinha condições de navegabilidade. Segundo a ré:

> «*Lennard had the supreme control of the technical management of the ship, but he was nothing more than an agent of the appellant company. He was not the alter ego of the company. He did not represent the company in the sense of making his fault the fault of the company*».

[104] *Privy*, neste contexto, significa ser consciente e corresponsável por uma situação de perigo. A norma era dirigida a limitar a responsabilidade por danos provocados por auxiliares (segundo a doutrina *respondeat superior*) no exercício de uma atividade já de si muito arriscada.
[105] Esta perspetiva corresponde às *primary rules of attribution*, já apresentadas.

O tribunal, porém, não acompanhou esta argumentação e, em sentido contrário, afirmou o Visconde Haldane LC[106]:

> «*did what happened take place without the actual fault or privity of the owners of the ship who were the appellants? My Lords, a corporation is an abstraction. It has no mind of its own any more than it has a body of its own; its active and directing will must consequently be sought in the person of somebody who for some purposes may be called an agent, but who is really the directing mind and will of the corporation, the very ego and centre of the personality of the corporation. That person may be under the direction of the shareholders in general meeting; that person may be the board of directors itself, or it may be, and in some companies it is so, that that person has an authority co-ordinate with the board of directors given to him (...). Mr. Lennard took the active part in the management of this ship on behalf of the owners, and (...) was registered as the person designated for this purpose in the ship›s register. (...) if Mr. Lennard was the directing mind of the company, then his action must, unless a corporation is not to be liable at all, have been an action which was the action of the company itself within the meaning of s. 502. It must be upon the true construction of that section in such a case as the present one that the fault or privity is the fault or privity of somebody (...) for whom the company is liable because his action is the very action of the company itself*».

Iniciou-se assim a chamada *directing mind and will doctrine*, também conhecida por *identification doctrine*, por assentar na identificação da sociedade com determinada ou determinadas pessoas singulares[107], ou por *alter ego theory*, com base na ideia de que a pessoa identificada com a sociedade é o seu *alter ego* ou, no sentido inverso, que a sociedade é o *alter ego* da pessoa com a mesma identificada[108].

---

[106] [1915] AC 705, 713-714.
[107] HANNIGAN, *Company Law*⁴, cit., 78.
[108] Esta referência foi, porém, considerada irrelevante por alguma jurisprudência, como *UBAF Ltd. v European American Banking Corporation*, [1984] Q.B. 713, ou *Cristina v Seear*, [1985] 2 E.G.L.R. 128. Cfr. FRENCH, MAYSON e RYAN, *Mayson, French & Ryan on Company Law*³²,

III. De acordo com *Lennard's*, a *directing mind and will* de uma sociedade reside, antes de mais, no seu conselho de administração, ao qual tipicamente são conferidos os mais amplos poderes de administração[109]. Os seus atos e o seu conhecimento são considerados como atos e conhecimento próprios da sociedade[110].

Porém, nos termos depois desenvolvidos por Lord Reid em *Tesco Supermarkets Ltd. v Nattrass*, em 1972[111], a mesma poderia estender-se a outras pessoas que se identificassem com a sociedade.

IV. *Tesco* foi um caso de responsabilidade de uma sociedade a quem foi imputado um ato ilícito nos termos do *Trade Descriptions Act 1968*. Segundo a Tesco, o ato foi praticado por um terceiro (*"another person"*) – o gerente da loja – e o conselho de administração da sociedade tomou todas as precauções razoáveis e atuou diligentemente para evitar a prática de tal ilícito, pelo que o mesmo não poderia ser imputado à sociedade.

Diferentemente, sustentou o tribunal:

> «*There have been attempts to apply Lord Denning›s words to all servants of a company whose work is brain work, or who exercise some managerial discretion under the direction of superior officers of the company. I do not think that Lord Denning intended to refer to them. He only referred to those who "represent the directing mind and will of the company, and control what it does".*
>
> *I think that is right for this reason. Normally the board of directors, the managing director and perhaps other superior officers of a company carry out the functions of management and speak and act as the company. Their subordinates do not. They carry out orders from above and it can make no difference that they are given some measure of discretion. But the board of directors may delegate some part of their functions of management giving to their delegate full discretion to act independently of instructions from them.*

---

cit., 646. Foi também expressamente rejeitada por GOWER, na defesa de uma teoria organicista (*"organic theory"*), nos termos já expostos.

[109] Nos termos aqui discutidos a propósito das *primary rules of attribution*.
[110] Cfr. HANNIGAN, *Company Law*⁴, cit., 78.
[111] [1972] A.C. 153.

I see no difficulty in holding that they have thereby put such a delegate in their place so that within the scope of the delegation he can act as the company. It may not always be easy to draw the line but there are cases in which the line must be drawn».

Concluiu então o tribunal que o conselho de administração só reunia uma vez por ano, que a gestão da sociedade estava confiada a *managers*, pelo que os atos destes eram imputáveis à sociedade.

2. A interpretação evolutiva da *directing mind and will doctrine*

I. Nos anos 1990, a *directing mind and will doctrine* foi sujeita a uma "interpretação evolutiva"[112], primeiro em *EL Ajou v Dollar Land Holdings plc & Anor*, de 1993[113], e depois em *Meridian Global Funds Management Asia Ltd. v Securities Commission*, de 1995[114].

Segundo as decisões proferidas nestes casos, o critério relevante para a imputação não seria a posição do agente ou trabalhador na estrutura hierárquica da sociedade, mas sim o escopo da norma aplicável ao caso.

Segundo alguma doutrina, esta perspetiva, mais ampla, dava resposta aos casos em que os atos tinham sido praticados (ou o conhecimento tinha sido obtido) por pessoas que não podiam ser qualificadas como *directing mind and will* da sociedade, não sendo relevante a *vicarious liability*[115]. Traduziria, portanto, uma superação dessa doutrina.

II. Em *El Ajou*[116], o Court of Appeal considerou que a intenção fraudulenta do presidente do conselho de administração, não-executivo, deveria ser imputada à sociedade num caso de *"knowing receipt"*.

---

[112] A expressão é de MARIO CAMPOBASSO, *L'imputazione di conoscenza nelle società*, 2002, 94.
[113] [1994] B.C.C. 143.
[114] [1995] 2 BCLC 116.
[115] HANNIGAN, *Company Law*⁴, cit., 79. *"Vicarious liability"* é um instituto de direito civil e de direito penal nos termos do qual se imputa responsabilidade civil e/ou penal, consoante o caso, àquele que emprega o agente que comete o ilícito no curso e no âmbito das suas funções. Cfr., *v.g.*, FRENCH, MAYSON e RYAN, *Mayson, French & Ryan on Company Law*³², cit., 652-653.
[116] [1994] B.C.C. 143 ou 2 All E-R- 685.

Entendeu que este era a *directing mind and will* da sociedade no que dizia respeito àquele negócio em particular – o recebimento de fundos de investimento pela sociedade que o presidente sabia advirem de atividades fraudulentas – pelo que o seu conhecimento era também conhecimento da sociedade.

Neste acórdão, Rose LJ concordou que, *prima facie*, os administradores podem ser considerados a *directing mind and will* da sociedade, mas que as específicas circunstâncias do caso podem determinar a atribuição desse *status* a não-administradores.

Assim, a *directing mind and will* da sociedade pode ser encontrada em diferentes pessoas para diferentes atividades da sociedade[117]. Trata-se de uma perspetiva mais flexível que visa imputar à sociedade o conhecimento do sujeito que tem o poder para atuar no sentido do cumprimento da norma em causa (*functional approach*)[118].

III. Com *Meridian* verificar-se-ia a superação definitiva da *directing mind and will doctrine*. O caso era o seguinte: dois trabalhadores de uma sociedade de gestão de investimentos de Hong Kong (*Meridian*), um sendo o *chief investment officer*, usaram fundos da sociedade para adquirir uma participação de 49% no capital de uma sociedade neozelandesa.

A compra não foi divulgada pela *Meridian*, em violação do *New Zealand Securities Amendment Act 1988*, segundo o qual devem ser divulgadas as participações qualificadas (*significant shareholdings*) assim que o adquirente "sabe ou deve saber" que é titular de uma participação qualificada na sociedade.

A questão central era, portanto, saber se o conhecimento dos trabalhadores devia ser imputado à *Meridian* para efeitos da determinação do cumprimento do referido dever.

Segundo a sociedade, na medida em que não havia conhecimento pela sua *directing mind and will*, não havia violação da lei.

---

[117] [1994] B.C.C. 143, 154.
[118] KENNETH WEDDERBURN, "When does a corporation forget?", *The Modern Law Review*, 47:3 (1984), 345-348 (346), THE LAW COMMISSION, *Fiduciary Duties and Regulatory Rules, Consultation paper no. 124*, cit., 18, Id., *Fiduciary Duties and Regulatory Rules: Report on a reference under section 3(1)(e) of the Law Commissions Act 1965*, 1995, 14 ss.

IV. Lord Hoffmann afastou expressamente este entendimento. Sustentou, com efeito, que a conclusão do Viscount Haldane L.C., em *Lennard's*, foi determinada pelo facto de a sociedade não ter qualquer outra atividade que não a produção de navios, não havendo necessidade de distinguir entre a "pessoa responsável pela gestão da sociedade em geral" e a "pessoa responsável pelas funções que determinaram a causação do dano": o Senhor *Lennard* reunia em si as qualidades de uma e outra.

Teria sido esta coincidência que teria permitido a interpretação das suas palavras numa perspetiva metafísica da "sociedade em si"[119], desenvolvidas depois na exposição antropomórfica de Denning LJ no caso *H.L. Bolton*, já analisado[120].

O uso do termo *directing mind and will* teria, para *Haldane*, um propósito meramente descritivo, para sustentar a imputação do conhecimento do administrador em causa à sociedade.

Na medida em que a norma em causa pressupunha a *actual fault or privy* do proprietário individual, era necessário determinar quem é que na sociedade desempenhava as funções expectáveis do *individual owner* segundo a norma.

O incumprimento dessas funções por essa pessoa seria imputável à sociedade.

V. Concluiu então o *Privy Council* que, segundo uma adequada interpretação da lei em causa, se devia imputar à *Meridian* o conhecimento do seu *chief investment officer* (como *senior employee*).

---

[119] Como referimos antes, o Viscount Haldane L.C. tinha sido influenciado pelo sistema alemão, mas escreveu a sua famosa decisão em 1915. Este é um dado interessante, considerando que a *discussão* sobre a "empresa em si" começou com RATHENAU que sustentou que a empresa não representava apenas a soma dos interesses jusprivatísticos dos seus acionistas, antes surgindo como um fator de produção da economia nacional em si (trata-se de um novo *Daseinsrecht*). O mote "empresa em si" só aparece, porém, nos escritos de FRITZ HAUSMANN. Cfr. WALTHER RATHENAU, "Vom Aktienwesen: Eine geschäftliche Betrachtung", in *Gesammelte Schriften*, 5, 1918, 154, ANTÓNIO MENEZES CORDEIRO, *Da responsabilidade civil dos administradores das sociedades comerciais*, 1997, 500-501, JOSÉ FERREIRA GOMES, *Da administração à fiscalização das sociedades*, cit., n.º de margem 1225, DIOGO COSTA GONÇALVES, *Pessoa coletiva e sociedades comerciais: dimensão problemática e coordenadas sistemáticas da personificação jurídico-privada*, 2015, 324-326.
[120] *Supra* p. 47-48.

A conclusão contrária esvaziaria de conteúdo útil a norma legal e traduziria um incentivo para que o conselho de administração não prestasse atenção à atuação dos seus *managers*.

Em suma, segundo Lord Hoffmann, a questão não é então metafísica, mas hermenêutica. Não assenta na procura de um qualquer *alter ego* da sociedade, mas na interpretação da regra substantiva em causa[121].

VI. Segundo parte da doutrina, esta conclusão traduz, ainda hoje, o estado da arte no Reino Unido[122]. Eilis Ferran, porém, recomenda cautela na afirmação da "morte" da *directing mind and will doctrine*. Segundo a autora, a interpretação restritiva desta doutrina, referida apenas ao *top management* da sociedade, continua a exercer influência no direito penal, sendo a via de fundamentação preferida pelos tribunais nos casos de crimes mais graves que envolvem *mens rea*[123].

---

[121] HANNIGAN, *Company Law*⁴, cit., 78.
[122] HANNIGAN, *Company Law*⁴, cit., 82 ss..
[123] FERRAN, "Corporate attribution", cit., 245-246.

III.
A IMPUTAÇÃO DE CONHECIMENTO NO ESPAÇO GERMÂNICO

§ 7. A teoria do conhecimento absoluto

1. A decisão do RG de 8-fev.-1935

I. Em 8-fev.-1935, num caso de aquisição *a non domino* por parte de uma sociedade comercial, o *RG* pronunciou-se no seguinte sentido:

> «Uma pessoa jurídica não pode prevalecer-se da fé pública registal, estando de má-fé o seu representante legal, nos termos do § 892 BGB. Se o próprio membro do órgão no negócio considerado atuou como representante no negócio subsequente é irrelevante. Isto porque a pessoa jurídica não pode, por mercê do acaso ou por conveniência, negar aquilo que é conhecido pelos membros dos seus órgãos"[124].

II. Esta decisão surge citada por abundantes autores[125] como estando na origem de uma importante orientação doutrinal que viria a ser conhecida como a *teoria do conhecimento absoluto* (*absolute Wissenstheorie*).

---
[124] RG 8-fev.-1935, *JW*, 64 (1935) 29, 2044.
[125] CAMPOBASSO, *L'imputazione*, cit., 37.

Segundo o RG:

«a má-fé de uma pessoa jurídica, que não uma pessoa física (...) é mediada através do seu legal representante, através da vontade do seu órgão. A vontade desse órgão é a vontade da sociedade»[126].

E continua:

«decorre da natureza das coisas ser inerente à pessoa jurídica ou à sociedade, o conhecimento de cada indivíduo no momento relevante em que é representante legal»[127].

III. O nervo central da argumentação é claro: tudo o que é conhecido pelos membros dos órgãos sociais[128] é conhecimento imputado à sociedade.

Para efeitos comparatísticos, retenha-se o paralelo com os desenvolvimentos operados nos quadros anglo-saxónicos com a *directing mind and will doctrine*, também dita *identification doctrine* ou *alter ego theory*[129].

2. Fundamentação dogmática

I. A teoria do conhecimento absoluto tem um fundamento dogmático claro no *realismo organicista* de von Gierke.

Para o autor, o Direito é uma parte do fenómeno social[130]: a realidade do Direito não é outra senão a própria realidade social vivente[131]. Daqui

---

[126] RG 8-fev.-1935, *JW*, 64 (1935) 29, 2044.
[127] RG 8-fev.-1935, *JW*, 64 (1935) 29, 2044.
[128] Sobre este conceito, cfr. n. 87 *supra*.
[129] Cfr. § 6 *supra*.
[130] Com desenvolvimento e referências, sobre o Direito como *Teilgebiet der Sozialordnung*, cfr. Heinrich Henkel, *Einführung in die Rechtsphilosophie*, 1964, 18 e ss.
[131] Otto von Gierke, *Das Wesen der menschlichen Verbände*, 1902, 6:
«A ciência jurídica é levada a lidar com a realidade da comunidade humana por duas razões. Por um lado, porque o Direito é uma parte da vida social (Gemeinschaftsleben). A ciência jurídica não pode, portanto, ocupar-se da génese do Direito sem atender à comunidade que lhe dá origem (erzeugende Gemeinschaft). Ela [a ciência jurídica] deve responder diretamente à questão candente de se apenas o Estado ou também uma sociedade não organizada, por via consuetudinária, cria Direito; deve determinar

decorria que o fundamento da pessoa coletiva não podia ser sustentado a partir da doutrina savignyana da *ficção*[132] (prevalecente ao tempo da codificação do BGB); antes deveria ser procurado junto da própria realidade da vida social, da qual o Direito participava.

Surgia assim o entendimento das pessoas coletivas como organismos sociais (*soziale Organismen*)[133], dotados de uma realidade própria. As pessoas coletivas existiam enquanto tal; *eram*, no sentido ontológico de uma realidade em si, e não apenas de uma operação do intelecto.

II. O contributo de VON GIERKE para a dogmática continental da pessoa coletiva pode ser resumido em três traços fundamentais.

Em primeiro lugar, ao apelar para uma realidade extrajurídica como substrato da pessoa coletiva, von Gierke impôs severas limitações à atuação do Estado no reconhecimento/criação das pessoas coletivas[134]. A jurisprudência não lhes deixaria de fazer eco, ao sublinhar que o poder instituído deve respeitar a *natureza das coisas*.

Em segundo lugar – e o mais relevante para o que ora nos ocupa –, a VON GIERKE se fica a dever a formulação da *Organtheorie*[135]: do mesmo modo que as pessoas físicas formam a sua vontade através do seu organismo biológico[136], também as pessoas coletivas – organismos sociais viventes – têm os seus próprios órgãos[137], através dos quais atuam no mundo exterior. E do mesmo modo que as operações vitais do organismo de uma pessoa física são operações do sujeito (e não, naturalmente, dos seus órgãos biológicos);

---

o lugar dos indivíduos ativos na comunidade para a criação de Direito; finalmente, deve clarificar a relação entre o lado interno e externo e entre razão (Vernunftaussage) e a vontade (Willensaktion) no processo de criação jurígena».

[132] Sobre a doutrina da ficção, cfr. DIOGO COSTA GONÇALVES, *Pessoa coletiva e sociedades comerciais*, cit., 253 ss.

[133] VON GIERKE, *Das Wesen*, cit., 15.

[134] Sobre o reconhecimento das pessoas jurídicas na jurisprudência alemã, com desenvolvimento, cfr. OTTO VON GIERKE, *Die Genossenschaftstheorie und die deutsche Rechtsprechung*, 1887, 37 e ss.

[135] Com desenvolvimento e referências, DIOGO COSTA GONÇALVES, *Pessoa coletiva e sociedades comerciais*, cit., 287 ss.

[136] VON GIERKE, *Die Genossenschaftstheorie*, cit., 615.

[137] Sobre este conceito, cfr. n. 87 *supra*.

assim também as operações dos órgãos da pessoa coletiva são atuações da *juristische Person*, enquanto tal.

Por fim, com relevância menor para a imputação de conhecimento, o organicismo de VON GIERKE promove a recuperação, para o palco dogmático da pessoa coletiva, do lastro histórico do conceito, convocando para o discurso toda uma construção anterior à *persona ficta*, que se desenvolveu sobretudo na Alta Idade Média[138].

III. Ora, a teoria do conhecimento absoluto estriba-se, justamente, na *Organtheorie* de VON GIERKE: é ela o substrato dogmático que permite afirmar que todo o conhecimento dos membros dos órgãos sociais é conhecimento da pessoa coletiva, *qua tale*.

Mas aquela que começou por ser uma teoria jurídica tornou-se, paulatinamente, modelo único de decisão dos casos concretos, como se de uma norma positiva de imputação se tratasse: tomava-se por premissa *quod erat demonstrandum*[139].

IV. Como toda a atuação orgânica era entendida como atuação da pessoa coletiva, tornava-se possível sustentar que todo o conhecimento (ou dever de conhecimento[140]) das pessoas físicas que integram os órgãos sociais era conhecimento da própria pessoa coletiva[141]. Isto, independentemente de saber se a representação da pessoa coletiva se encontrava atribuída a um único membro da administração, à maioria ou a todos[142]: em qualquer dos casos, bastava que um dos membros do órgão conhecesse para que tal

---

[138] Com desenvolvimento e referências, DIOGO COSTA GONÇALVES, *Pessoa coletiva e sociedades comerciais*, cit., 284 ss.

[139] BARBARA GRUNEWALD, "Wissenszurechnung bei juristichen Personen", in *Festschrift für Karl Beusch zum 68. Geburtstag*, 1993, 301-320, 303:
«Para além de tudo o mais – sintetiza a autora –, prevalece a premissa segundo a qual o conhecimento do membro do órgão é conhecimento da juristische Person, uma formulação que dá por assente (die das vorwegnimmt) o que carece de ser provado. Ela baseia-se na Organtheorie de Otto von Gierke (...).»

[140] HARM PETER WESTERMANN, *Erman BGB*, 14.ª ed., 2014, § 26, 2 (*Wissen oder wissenmüssen eines Organmitglieds*).

[141] Neste sentido, WALTHER HADDING, *Soergel Kommentar zum BGB*, 1, 13.ª ed., 2000, § 26, 11 [invocando a aplicação do § 166 (1) BGB].

[142] Com desenvolvimento, BARBARA GRUNEWALD, "Wissenszurechnung bei juristichen Personen", cit., 302 e ss.

conhecimento fosse imputado à pessoa coletiva[143]. Era uma decorrência lógico-jurídica dos nexos de imputação orgânica[144].

Do mesmo modo, uma significativa orientação jurisprudencial sustentou ser irrelevante o facto de os membros dos órgãos sociais terem obtido o conhecimento no exercício das suas funções ou fora delas: em qualquer dos casos havia lugar a imputação de conhecimento à pessoa coletiva[145].

A invocação da *Organtheorie* justificou também que se firmasse uma jurisprudência favorável à perpetuação do conhecimento imputado – *einmal Kenntnis – immer Kenntnis*[146] –, como corolário na continuidade da atuação orgânica, documentada ainda em finais da década de 80 do séc. XX[147].

---

[143] ARND ARNOLD, *Münchener Kommentar zum BGB*, 1, 7.ª ed., 2015, § 26, 21. Com referências, veja-se também BARBARA GRUNEWALD, "Wissenszurechnung bei juristichen Personen", *Festschrift für Karl Beusch zum 68. Geburtstag*, 1993, 301-320, 303.

[144] ARND ARNOLD, *Münchener Kommentar zum BGB*, 1, 7.ª ed., 2015, § 26, 21.

[145] FRIEDHELM BEATE, *Zur Möglichkeit des gutgläubigen Erwerbes einer juristischen Person von ihrem Gesellschafter*, 1990, 135. Neste sentido se pronunciou, por exemplo, o BGH em 30-abr.-1955, *WM*, 1955, 830 (832): «*o conhecimento de um membro do órgãos é conhecimento da sociedade, e não é relevante saber em que qualidade o membro do órgão obteve o conhecimento*».
Com esta formulação de princípio, perguntava-se se a informação em causa, obtida fora do exercício de funções, deveria ser sempre imputada à sociedade. Alguns autores sustentavam que não: a informação em causa só poderia ser imputada à sociedade se o sujeito, fora do exercício das suas funções, a tivesse obtido no interesse da sociedade. Com referências, BARBARA GRUNEWALD, "Wissenszurechnung bei juristichen Personen", cit., 306-307 (22). A densificação do critério revela-se, todavia, inoperante.

[146] Expressão sugestiva utilizada, por exemplo, por ERWIN DEUTSCH, *Möglichkeiten der Wissenszurechnung*, Karlsruher Forum 1994, discussão, 36-37 (37).

[147] Detenhamo-nos, por exemplo, na decisão do BGH de 8-dez.-1989, *BGHZ*, 109 (1990), 327 (também publicada em *NJW*, 1990, 975). Em causa está a venda de um terreno por uma coletividade, em relação à qual o autor invoca erro. O Tribunal é chamado a pronunciar-se sobre a relevância, para a verificação de uma ocultação dolosa (*arglistig Verschweigen*), das disposições de um membro do órgão de representação da coletividade que já não está no exercício das suas funções.
O BGH decidiu no sentido da continuidade da atuação orgânica: as disposições dos membros dos órgãos sociais quando já não estão no exercício das suas funções são relevantes para efeitos de imputação de conhecimento. Do mesmo modo, o Tribunal sublinhou ainda que, no caso das pessoas coletivas, a noção de *Arglist* – § 463 (2) BGB – não requer um juízo de censurabilidade moral mas antes postula uma adequada repartição do risco (*Risikoverteilung*) entre as partes: «*em causa não está uma sanção para um comportamento moralmente reprovável, mas sim uma apropriada distribuição de risco entre o cidadão e a coletividade*» (*BGHZ* 109 (1990), 333).
Com efeito, sendo da pessoa coletiva, o conhecimento perpetua-se para além dos sujeitos físicos que integram os seus órgãos (RALPH WESTERHOFF, *Organ und (gesetzlicher) Vertreter*:

§ 8. A teoria da representação do conhecimento

1. Os estados subjetivos relevantes do representante

I. À medida que as críticas a VON GIERKE foram subindo de tom[148], a jurisprudência começou a abandonar, paulatinamente, a *Organtheorie* como critério de imputação de conhecimento.

O mote, ao menos numa primeira fase, passou por recuperar a intuição savignyana da *zweite Fiktion*[149] e reconduzir a representação orgânica aos quadros gerais da representação voluntária.

Eine vergleichende Darstellung anhand der Wissens-, Besitz- und Haftungszurechnung, 1993, 75 e ss.). Daqui resulta que o desconhecimento posterior dos membros dos órgãos sociais não aproveita à sociedade.
Esta decisão do BGH, do final da década de 80 de séc. XX, mantém-se em linha de continuidade com jurisprudência anterior, de finais da década de 50, por exemplo. Veja-se a decisão do BGH, de 23-out.-1958: «*o conhecimento de um dos membros do órgão é conhecimento da pessoa jurídica. Tendo a pessoa jurídica obtido conhecimento por este modo, tal conhecimento permanece, mesmo quando o membro que conheceu renunciou, quando foram nomeados novos membros e estes atuaram em nome da pessoa jurídica sem conhecimento direto.*» (*WM*, 1959, 81)
Uma vez mais está em causa a prevalência da *Organtheorie* de VON GIERKE, mesmo quando a dogmática da pessoa coletiva já conhecia outras propostas científicas e críticas severas ao organicismo.
[148] Com desenvolvimento, DIOGO COSTA GONÇALVES, *Pessoa coletiva...*, cit., 294 ss.
[149] Uma autêntica doutrina germânica da *juristische Person*, distinta da tradição romano-canónica do Direito comum, tem o seu começo em SAVIGNY, quando o autor, recuperando a ideia medieva da *persona ficta et repraesentata*, formula a que viria a ser conhecida como a moderna *doutrina da ficção*. Com desenvolvimento e referências, DIOGO COSTA GONÇALVES, *Pessoa coletiva...*, cit., 250 ss.
Para SAVIGNY, a personalidade coletiva consistia numa derivação da capacidade jurídica. A capacidade jurídica era, contudo, um atributo da pessoa singular. O Direito, porém, através de uma simples ficção (*durch bloße Fiktion*), podia atribuir capacidade jurídica a uma realidade não humana, postulando, para o efeito, a sua existência. Tal existência ficcionada (*persona ficta*) outra coisa não era do que a *juristische Person*: «A capacidade jurídica diz respeito à pessoa singular. Mediante uma mera ficção, alargamo-la artificialmente a outros sujeitos. Um tal sujeito é considerado uma pessoa jurídica, i. e., pessoa apenas para fins jurídicos. Encontramos, deste modo, um titular de relações jurídicas para além das pessoas singulares.» (FRIEDRICH CARL VON SAVIGNY, *System des heutigen Romischen Rechts*, 2, 1840, 236).
Enquanto pura ficção, a *juristische Person* não tinha nem inteligência, nem vontade, nem qualquer outro atributo humano. Para que pudesse atuar no comércio jurídico era necessário

Tal recurso permitia soluções substancialmente idênticas à *absolute Wissentheorie*, mas desta sorte com diverso fundamento dogmático.

II. O primeiro arrimo positivo de que se socorreu a jurisprudência foi a qualificação legal do *Vorstand* como *gesetzlich Vertreter*, nos termos do § 26 (1) BGB. Tratando-se a representação orgânica, afinal, de *representação*, o regime previsto no § 166 BGB podia conhecer plena aplicação aos membros dos órgãos das pessoas coletivas[150].

Ora, nos termos do § 166 (1), a imputação de conhecimento (ou do dever de conhecer) é feita tendo em consideração (*kommt in betracht*) a pessoa do representante e não do representado. Daqui resulta, portanto, que o determinante para a imputação de conhecimento à sociedade é, afinal, o estado subjetivo dos membros do órgão que tem poderes de representação.

As consequências práticas não são muito distintas das da *absolute Wissentheorie*: tudo o que os membros do órgão conhecem, conhece a sociedade. Desta sorte, porém, a tónica não é colocada na organicidade, mas na natureza do fenómeno representativo e na aplicação do § 166[151].

---

recorrer a uma *zweite Fiktion* que permitisse a imputação de uma vontade e de uma atuação juridicamente relevantes àquela realidade, na verdade, inexistente.
Esta *zweite Fiktion* estava, em Savigny, associada ao instituto da representação, em concreto, aos mecanismos de supressão das incapacidades: «(...) *uma pessoa jurídica, enquanto simples ficção, é absolutamente incapaz e, tal como as crianças ou os dementes, apenas é possível a confirmação jurídica da sua existência através da figura de um tutor ou legal representante*» (von Gierke, *Die Genossenschaftstheorie*, cit., 603-604).
O problema da imputação do conhecimento à *juristische Person* não era, pois, distinto do problema da imputação de estados subjetivos aos incapazes. Ecos deste construção podem ser encontrados no § 26 BGB, que equipara o *Vorstand* ao representante legal, numa formulação próxima da *zweite Fiktion* savignyana: «*ele* (leia se: o Vorstand) *tem o status* (Stellung) *de um legal representante*».
[150] Carsten Römmer-Collmann, *Wissenszurechnung inerhalb juristischer Oersonen*, 1997, 119 e ss. *Vide* tb. Dieter Medicus, "Probleme der Wissenszurechnung", *Möglichkeiten der Wissenszurechnung*, Karlsruher Forum, 1994, 4-16, 8-9.
Sobre o conceito de "órgãos sociais", cfr. n. 87 *supra*.
[151] Sobre a centralidade coeva do § 166 na construção dogmática da imputação de conhecimento no Direito civil, veja-se, *v.g.*, Hans Christoph Grigoleit, "Zivilrechtliche Grungdlagen der Wissenszurechung", cit., 160-202, 182 e ss..

2. A representação do conhecimento e o princípio de imputação do conhecimento

I. A invocação da natureza do fenómeno representativo no quadro argumentativo em que nos movemos conduzia, porém, à seguinte conclusão: só são juridicamente relevantes os estados subjetivos daqueles que gozam de poderes de representação.

Sem resposta ficavam aqueles casos em que o sujeito relevante não representa a sociedade, mas o seu conhecimento não pode deixar de ser relevante, sob pena de gerarmos soluções de casos concretos manifestamente inadequadas e contrárias ao ordenamento, considerado no seu todo.

Esta lacuna tem paralelo histórico nos sistemas anglo-saxónicos, perante as insuficiências das *general* e das *primary rules of attribution* que conduziram à afirmação de *special rules of attribution*, como vimos[152].

II. A resposta começou a ser desenhada noutro lugar sistemático, desta sorte, em sede do direito dos seguros. Aí se foi perfilando a distinção entre a representação da vontade (*Willensvertretung*) e a representação do conhecimento (*Wissensvertretung*)[153], por oposição também à representação da declaração de conhecimento (*Wissenserklärungsvertretung*).

Sedimentou-se ainda a distinção entre o representante do conhecimento (*Wissensvertreter*) e o representante da declaração (*Wissenserklärungsvertreter*)[154].

III. O representante do conhecimento (*Wissensvertreter*) era aquele a quem a informação podia ser confiada; estava presente, portanto, no momento da aquisição do conhecimento (*Kenntniserlangung*). Já o representante

---

[152] *Supra* p. 50 ss.
[153] Hans Oldenbourg, *Die Wissenszurechnung: Die Lehre vom Wissensgehilfen, zugleich ein Betrag zur Lehre von der sogenannten Empfangsvertretung*, 1934, e Hans Möller, *Verantwortlichkeit des Versicherungsnehmers für das Verhalten Dritter*, 1939, 25 e ss. Veja-se ainda Reinhard Richardi, "Die Wissensvertretung", *AcP*, 169 (1969), 385-403 (386), e Eberhard Schilken, *Wissenszurechnung im Zivilrecht*, 1983, 237-238 e *passim*.
[154] Möller, *Verantwortlichkeit des Versicherungsnehmers für das Verhalten Dritter*, cit., 28.

da declaração (*Wissenserklärungsvertreter*) atuava no momento da transmissão do conhecimento (*Kenntnisweitergabe*)[155].

Como explicava REINHARD RICHARDI:

> «*a representação do conhecimento (Wissensvertretung) não consiste numa atuação em nome de outrem. Em causa está apenas o conhecimento de terceiros que deve ser imputado ao tomador do seguro. Ao contrário, na representação da declaração de conhecimento (Wissenserklärungsvertretung) existe a entrega a terceiros de uma declaração de conhecimento em nome do tomador*»[156].

IV. Os problemas suscitados pela *Wissenserklärungsvertretung* podiam ser pacificamente resolvidos nos termos do § 279 BGB: se o tomador de seguros se socorria de um *Wissenserklärungsvertreter* ou de uma qualquer pessoa para o cumprimento das suas obrigações, respondia pela atuação de tais pessoas, nos termos aí previstos[157].

A questão nuclear colocava-se quanto à imputação de conhecimento: não havendo poderes de representação em sentido técnico-jurídico, poder-se-ia imputar conhecimento com base na atuação de um *Wissensvertreter*? Quem podia ser, afinal, um *Wissensvertreter*?

V. A resposta a esta questão encontramo-la, de forma sugestiva, em REINHARD RICHARDI: o § 166 (1) BGB, cuja aplicação analógica invariavelmente se reclamava, «*não contém uma regra de imputação de conhecimento autónoma, mas apenas estabelece uma relação entre representação e uma imputação acessória de conhecimento*»[158].

Enquanto manifestação de uma imputação acessória de conhecimento, o § 166 (1) podia ser entendido como consagrando um princípio de imputação (*Zurechnungsprinzip*)[159] que, enquanto tal, não se limitava ao fenómeno de representação *proprio sensu*, antes correspondia à padronização de uma

---

[155] RICHARDI, "Die Wissensvertretung", cit., 386.
[156] RICHARDI, "Die Wissensvertretung", cit., 386-387.
[157] RICHARDI, "Die Wissensvertretung", cit., 387.
[158] RICHARDI, "Die Wissensvertretung", cit., 387.
[159] RICHARDI, "Die Wissensvertretung", cit., 397.

conceção jurídica geral (*Normierung eines allgemeinen Rechtsgedankens*), que perpassa todo o sistema[160].

Estava aberto assim o caminho para que se pudessem considerar relevantes os estados subjetivos de outros indivíduos que não os representantes *proprio sensu*.

3. O *Wissensvertreter* e a organização interna da sociedade

I. Quem podem ser, afinal, tais indivíduos cujo estado psicológico de conhecimento permite a imputação normativa desse estado à sociedade?

Na conceção mais divulgada, um representante do conhecimento (*Wissensvertreter*) é aquele que – não representando a vontade da pessoa coletiva (não sendo, por isso, *Willensvertreter*) – surge, na «organização de trabalho do dono do negócio»[161], como devendo conhecer certa informação relevante e desencadear os procedimentos adequados para reagir em face de um determinado estado de coisas[162].

As hipóteses casuísticas multiplicam-se, em função da concreta estrutura organizativa em presença.

II. É neste contexto dogmático que surge a decisão do BGH de 24-jan.-1992[163]. Em causa está, uma vez mais, a alienação de um terreno por uma coletividade e a invocação, pelo autor, de erro na formação da vontade.

O caso remonta a 1989 quando, perante notário, o autor comprou à ré – em concreto, um município – um terreno para construção localizado numa encosta. Foi excluída qualquer garantia especial quanto às condições de edificabilidade e, no contrato, foi declarado que não se conheciam defeitos do objeto do negócio.

---

[160] RICHARDI, "Die Wissensvertretung", cit., 397. Veja-se ainda WOLFGANG SCHÜLER, *Die Wissenszurechnung im Konzern*, 2000, 52.
[161] JÜRGEN ELLENBERGER, *Palandt BGB*, 75.ª ed., 2016, § 166, 6.
[162] Com referências, JÜRGEN PRÖLSS, "Wissenszurechnung im Zivilrecht unter besonderer Berücksichtigung einer Zurechnung zu Lasten des Versicherungsnehmers", in *Liber amicorum für Detlef Leenen 70. Geburstag*, 2012, 229-260, 233-234.
[163] *BGHZ*, 117 (1993), 104.

Sucede, porém, que a construção do edifício exigiu a realização de obras adicionais, devido às condições adversas do terreno. O autor pretendeu ser ressarcido pelos custos acrescidos em que incorreu na construção, invocando que o réu conhecia as condições adversas do terreno vendido.

O Tribunal reconduziu a situação ao § 166 BGB. Vale a pena reter o nervo central da decisão:

> «*A imputação de conhecimento na formação dos contratos deve ser ponderada nos termos do § 166 BGB. De acordo com a posição dominante, a aplicação deste preceito não se limita à representação voluntária (rechtsgeschäftliche Vertretung), antes aplica-se também analogicamente a outras hipóteses comparáveis de representação de conhecimento (Wissensvertretung). Representante do conhecimento (Wissensvertreter) é todo aquele que, de acordo com a organização de trabalho do dono do negócio (Geschäftsherr), é identificado como tal no comércio, representando o dono do negócio em tarefas específicas e devendo levar ao seu conhecimento a informação relevante dando-lhe, eventualmente, seguimento*»[164].

III. Independentemente do sentido da decisão[165], o tribunal distingue claramente entre o *representante do conhecimento (Wissensvertreter)* e aquele que age com poderes de representação voluntária (*rechtsgeschäftlich Wissensvertreter*).

A representação *proprio sensu* pode não existir e, ainda assim, haver representação de conhecimento que permita a imputação de estados subjetivos relevantes.

IV. Com esta formulação, a teoria da *Wissensvertretung* não se apresenta como verdadeiramente substitutiva da *absolute Wissentheorie*, ainda que mitigada pela aproximação ao fenómeno geral da representação.

---

[164] *BGHZ*, 117 (1993), 106-107.
[165] A certo passo da fundamentação, o Tribunal entendeu que o conhecimento do funcionário do departamento legal de construção (*Baurechtsamt*) não devia ser imputado ao município, porquanto não havia sido provado nem alegado que a tal funcionário houvesse sido confiado o desempenho de tarefas no âmbito do comércio privado da ré.

Limita-se, em bom rigor, a corrigir uma insuficiência: a dificuldade de dar resposta às situações em que, para a imputação de conhecimento, é manifestamente relevante o estado psicológico de um sujeito que não integra os órgãos da sociedade e que não pode, deste modo, ser considerado representante em sentido próprio.

Não obstante, durante largos lustros, a teoria da *Wissensvertretung* apresentou-se como único padrão argumentativo alternativo à pura aplicação das consequências lógico-jurídicas da *Organtheorie*[166].

§ 9. A teoria do risco de organização

1. O declínio das teorias representativas

I. Quer a teoria do conhecimento absoluto, quer a teoria da representação de conhecimento, lograram obter um leque amplo de hipóteses de imputação de conhecimento às sociedades comerciais.

A evolução posterior no espaço germânico procurou uma delimitação negativa da imputação, revelando as limitações dogmáticas das construções anteriores.

II. O primeiro postulado a ser posto em causa foi o da *perpetuação do conhecimento*. Alguma jurisprudência veio exigir que a informação imputada no passado fosse de tal natureza e estivesse de tal modo conservada que pudesse (ou devesse) ser efetivamente conhecida pelos atores sociais no momento em que tal estado subjetivo se discute ou em que o conhecimento é relevante para a atuação da sociedade[167].

---

[166] CAMPOBASSO, *L'imputazione*, cit., 63.
[167] Tal é o caso, por exemplo, da decisão do BGH de 8-dez.-1989, *NJW*, 1990, 975. O Tribunal justificou a imputação de conhecimento invocando o facto de a informação em presença ser tipicamente conservada no arquivo da sociedade, razão pela qual os atuais membros dos órgãos sociais a ela podiam ter acesso.
A imputação devia ser, assim, reconduzida a um problema de alocação de risco (*Frage der Risikoverteilung*). Em última instância, perguntava-se: o risco de desconhecimento efetivo,

A jurisprudência foi também sensível à *fragmentação da informação* e à exigibilidade ou inexigibilidade da sua partilha entre os diversos atores sociais. Um exemplo paradigmático pode ser encontrado na decisão do BGH de 1-jun.-1989[168], onde – estando em causa a liquidação de obrigações de mutuário por terceiro – se discutia a má-fé de uma entidade bancária com base numa informação detida por uma filial diversa daquela que realizou a operação de crédito.

Os diretores de uma filial são representantes do conhecimento da entidade bancária em causa, de onde, de acordo com a teoria da *Wissensvertretung*, a informação detida por uma filial seria imputável ao Banco, com todas as consequências daí decorrentes.

O BGH não entendeu assim. Para que existisse imputação de conhecimento seria necessário que a partilha de informação entre as filiais não só fosse possível, como de algum modo expectável ou exigível:

> «*Os conhecimentos que o gerente de um banco adquiriu na atividade da sua filial, devem ser imputados ao Banco para posterior concessão de crédito sem a intervenção dessa filial, quando ambos os financiamentos servem o mesmo escopo, o representante do banco sabia dessa estreita relação com o crédito posterior e a partilha da informação entre ambas as filiais era possível e esperada*»[169].

---

pelos membros atuais dos órgãos sociais, é um risco que deve ser suportado pela sociedade, ou por aquele contra quem a sociedade invoca o desconhecimento?
Com este enquadramento, adotou-se um entendimento flexível do princípio da perpetuação do conhecimento, aceitando-se que dele não decorre uma única solução possível: «*pode permanecer em aberto, se esta questão da imputação deve ser decidida no sentido de uma solução unitária rígida*». BGH 8-dez.-1989, NJW, 1990, 976.
Surgiriam depois decisões do BGH que expressamente negavam imputação de conhecimento à pessoa coletiva de informação detida por membros dos órgãos sociais já falecidos, por exemplo. Veja-se, a título exemplificativo, a decisão do BGH de 17-mai.-1995, *NJW*, 1995, 2159.
[168] *NJW* 1989, 2879. Com desenvolvimento, Josef Drexl, "Wissenszurechnung im Konzern", *ZHR*, 161 (1997), 491-521, 503 e ss.
[169] BGH 1-jun.-1989, *NJW*, 1989, 2879. Literalmente, a decisão refere-se a uma partilha de informação óbvia ou evidente (*naheliegend Informationsaustausch*). Traduzimos por partilha de informação esperada ou expectável, porquanto o adjetivo *naheliegend* tem aqui o sentido de devido: em causa está uma partilha de informação que, tendo em conta as circunstâncias, era esperado ou exigível que tivesse ocorrido.

Outras decisões confirmariam este entendimento[170].

III. No discurso jurídico introduziu-se, ainda, o recurso ao argumento da igualdade (*Gleichstellungsargument*)[171], baseado na analogia com as pessoas físicas[172]. A imputação de conhecimento às pessoas jurídicas não poderia redundar num tratamento diferenciado face às pessoas singulares, imputando-lhes estados subjetivos que, em condições análogas, não seriam imputados a pessoas físicas.

Se, por exemplo, o conhecimento adquirido por uma pessoa singular pode perder-se – conduzindo, posteriormente, a estados subjetivos de desconhecimento –, também às pessoas coletivas deveria ser reconhecida a possibilidade de esquecimento[173].

---

[170] Por exemplo, a decisão do BGH de 2-fev.-1996:
«*[O Senat] pronuncia-se sobre a discutida possibilidade de imputação de conhecimento, em especial – como é o caso – à GmbH & Co. KG, no sentido de que a imputação de conhecimento funda-se não na condição de membro do órgão ou na condição análoga de mediador do conhecimento (Wissensvermittler) (teoria orgânica), mas na noção de proteção do comércio jurídico e no conhecido dever de prover uma adequada organização da comunicação interna à sociedade*» (*BGHZ*, 132, 30).
Em causa estava saber quem respondia por uma contaminação de solos de certa zona industrial, apenas conhecida após a alienação de uma parte dos terrenos em causa.
Autores como ARND ARNOLD (*Münchener Kommentar zum BGB*, I, 7.ª ed., 2015, § 26, 21) e ANDREE ADLER (*Wissen und Wissenszurechnung, insbesondere bei arbeitsteilig aufgebauten Organisationen*, 1997, 101 ss.) referem-se a uma nova jurisprudência do BGH que desenvolveu uma nova perspetiva quanto à imputação de conhecimento. Como decisão paradigmática, é apresentada, justamente, a decisão do BGH de 2-fev.-1996.
Já no dobrar do século, veja-se também a decisão BGH 12-out.-2000, *NJW*, 2001, 359.

[171] BGH 2-fev.-1996, *BGHZ* 132, 30. Com desenvolvimento sobre a invocação deste argumento na doutrina e na jurisprudência, cfr. MARCUS BAUM, *Die Wissenszurechnung*, 1998, 176 e ss.

[172] DIETER MEDICUS, "Probleme der Wissenszurechnung", *Möglichkeiten der Wissenszurechnung*, Karlsruher Forum, 1994, 4-16, 15.

[173] ARND ARNOLD, *Münchener Kommentar zum BGB*, I, 7.ª ed., 2015, § 26, 21. Veja-se tb. DREXL, "Wissenszurechnung im Konzern", cit., 505, referindo-se ao *esquecimento* das pessoas coletivas.
O argumento da igualdade é, em certa medida, perplexante: não o vemos invocado sem surpresa e natural resistência. Mas esconde uma inegável sugestão: a necessidade de formular limites à imputação de conhecimento, o que obrigou a ciência jurídica a ensaiar outras reconduções dogmáticas, distantes da representação. Permitiu ainda o *requiem* pela *Organtheorie*: o conhecimento adquirido por membros dos órgãos sociais não é, necessária e automaticamente, conhecimento da sociedade (DREXL, "Wissenszurechnung im Konzern", cit., 503).

2. A segurança no tráfego e o risco de organização (*Organisationsrisiko*)

I. O abandono progressivo das teorias representativas permitiu a introdução, no discurso jurídico, de outros lugares argumentativos que só timidamente vinham sendo invocados. A segurança no tráfego e a imputação de conhecimento como um problema de alocação de risco[174] tornaram-se, assim, tópicos recorrentes[175]. A sua articulação dogmática exigiu, contudo, um esforço de clarificação.

A jurisprudência que reconduziu a imputação de conhecimento ao princípio da segurança no comércio jurídico invocou também a existência de um dever de organização do conhecimento (*Pflicht zur Wissensorganisation*), aproximando-o, assim, dos deveres de segurança no tráfego (*Verkerssicherungspflichten*)[176].

À sociedade caberia, portanto, evitar uma certa perigosidade no comércio jurídico, adotando uma organização da sua atividade adequada a tal desiderato.

II. Uma tal aproximação promovida pelo BGH era passível de uma leitura dogmática da imputação de conhecimento sob a ótica do princípio da *culpa* (*Verschuldensprinzip*)[177].

Como sublinha JOSEF DREX, o uso de conceitos como organização adequada (*ordnungsgemäßen Organisation*) – muito presente na identificação da figura do *Wissensvertreter* – podia apontar no sentido da relevância jurídica da violação culposa do dever de organização, deslocando a imputação de conhecimento para o exclusivo âmbito da responsabilidade civil (subjetiva)[178].

---

[174] CLAUS-WILHELM CANARIS, *Die Vertrauenshaftung im deutschen Privatrecht*, 1971, 479 e ss.
[175] DREXL, "Wissenszurechnung im Konzern", cit., 503-505.
[176] Cfr. BGH 2-fev.-1996, *BGHZ* 132, 30 (37). Cfr. THOMAS RAISER, "Kenntnis und Kennenmüssen von Unternehmen", *Festschrift für Gerold Bezzenberger*, 2000, 561-577 (563-564), HOLGER FLEISCHER, in GERALD SPINDLER e EBERHARD STILZ, *Kommentar zum Aktiengesetz*, 3.ª ed., 2015, § 78, n.º 54. Sobre os deveres no tráfego, entre nós, cfr., por todos, RUI ATAÍDE, *Responsabilidade civil por violação de deveres no tráfego*, 2015.
[177] CLAUS-WILHELM CANARIS, *Die Vertrauenshaftung im deutschen Privatrecht*, cit., 476 e ss.
[178] DREXL, "Wissenszurechnung im Konzern", cit., 504.

A doutrina preferiu, contudo, aprofundar a relação entre o dever de organização intra-societária e o clássico problema do risco de organização (*Organisationsrisiko*)[179], sem prejuízo das eventuais conexões com a responsabilidade civil[180]. Segundo Drex, secundando Taupitz:

> «*De acordo com o princípio do risco, pode clarificar-se que a imputação de conhecimento com base num dever jurídico, como decorrência do controlo de uma área de risco auto-induzida, tem origem na existência de uma organização especializada, que visa a alocação de riscos organizacionais*»[181].

III. Com efeito, as sociedades, ou as pessoas coletivas em geral, não conhecem por si próprias: o conhecimento é-lhes normativamente imputado *(i)* quando exista (ou deva existir) enquanto estado psicológico de determinadas pessoas singulares[182], em determinadas circunstâncias ou *(ii)* quando esteja (ou deva estar) documentado em termos que permitam a sua utilização por quem é chamado a atuar por conta da sociedade no caso concreto.

Quanto maior e mais complexa for a sociedade, maior é o risco de fragmentação do conhecimento (*Wissensaufspaltung*)[183]. Este é um risco de organização *Organisationsrisiko* que deve ser suportado pela própria sociedade Se este beneficia da divisão de tarefas, deve suportar os seus riscos: *ubi commoda, ibi incommoda.*

IV. Esta perspetiva importa uma recolocação dos termos iniciais do problema: saber se há ou não imputação de conhecimento redunda, afinal, em saber se o *risco da organização* e, logo, o *risco do conhecimento* (ou da sua ausência) – *i.e.*, as concretas consequências desfavoráveis que da predicação

---

[179] Claus-Wilhelm Canaris, *Die Vertrauenshaftung im deutschen Privatrecht*, cit., 487
[180] Com referências, Drexl, "Wissenszurechnung im Konzern", cit., 504-505.
[181] Drexl, "Wissenszurechnung im Konzern", cit., 504-505.
[182] Jochen Taupitz, "Wissenszurechnung nach englischem und deutschem Rechts", cit., 16-30, 16:
  «*Uma pessoa jurídica ou outra qualquer organização, não conhece por si própria; pode, outrossim, ser-lhe imputado o conhecimento de pessoas*».
[183] Baum, *Die Wissenszurechnung*, cit., 226 ss. e 270-274. Veja-se também Petra Buck, *Wissen und juristische Person*, 2000, 312 ss.

de tal estado subjetivo *in casu* se retiram – devem ou não ser suportadas pela sociedade.

Nesta construção, esse risco deve ser suportado pela sociedade quando a *organização*[184] dispunha da informação relevante e, através da adoção de práticas adequadas de tratamento dos dados, poderia tê-la colocado à disposição daquele que é chamado ao cumprimento[185].

O juízo sobre a *adequação da organização* cruza-se, portanto, com o de *controlabilidade* (*Beherrschbarkeit*) do risco da fragmentação do conhecimento própria da divisão interna de tarefas. Com diversos matizes, este critério aparece invariavelmente referido a propósito do dever de organização intra-societário.

Nalguns casos, *Beherrschbarkeit* parece surgir como um *Inbegriff*: representa a síntese conceptual de um conjunto de ponderações que gravitam em torno da recondução da imputação de conhecimento ao princípio do risco. Com efeito, na medida em que a obrigação de organização intra-societária surge associada ao risco da fragmentação da informação, a sua densificação fica associada à possibilidade de controlar esse risco.

Os critérios de imputação surgem assim desenvolvidos em função da concreta possibilidade de uma sociedade, através da sua organização adequada, controlar esse fator de perigosidade.

A tanto voltaremos adiante.

---

[184] Vimos já que a informação pode existir enquanto estado psicológico de um ator social (membro de um órgão, trabalhador ou colaborador...) ou em suporte documental, entendendo aqui documento no sentido amplo prescrito pelo art. 362.º CC e, nessa medida, cobrindo qualquer forma de arquivo físico ou digital da informação.

[185] Sobre a organização de conhecimento, veja-se o recente KLAUS-PETER NAUMANN e DANIEL P. SIEGEL, "Wissensorganisation", *ZHR*, 181 (2017), 273-301.

IV.
CRITÉRIO DE IMPUTAÇÃO DE CONHECIMENTO: O RISCO DE ORGANIZAÇÃO

§ 10. O risco de organização como critério de imputação

1. O conhecimento como um *fator de risco* de organização e a segurança no tráfego

I. O risco, numa aceção de mero enquadramento, pode ser entendido como «a possibilidade do desfecho negativo de uma atividade, à qual *estão associadas desvantagens, perdas ou danos*»[186].

O conhecimento de certo estado de coisa, ou a sua ausência, é um *factor de risco (Risikofaktor)*, na medida em que o Direito associa, a tais estados subjetivos, e verificados certos pressupostos, desvantagens para os sujeitos a quem tais estados se imputam[187].

---

[186] Maximilian Kummer, *Sprachprobleme und Sprachrisiken*, 2016, 4. Não entraremos agora na distinção entre risco e incerteza, referindo-se o primeiro aos casos em que há uma probabilidade específica associada a cada resultado possível, e o segundo às situações de probabilidades desconhecidas. Cfr. Frank H. Knight, *Risk, Uncertainty and Profit*, 1921.

[187] O mesmo se pode dizer, por exemplo, das assimetrias resultantes do discurso e a pluralidade semântica da linguagem, que torna a emissão de uma declaração negocial um fator de risco: Kummer, *Sprachprobleme und Sprachrisiken*, cit., 5 ss.

No caso das pessoas coletivas, o conhecimento é um *fator de risco* próprio da organização societária. Reconduz-se, portanto, ao espaço dogmático do *risco de organização*.

II. Para uma melhor densificação, retenham-se alguns traços dogmáticos fundamentais do risco de organização (que iremos sublinhando ao longo do tratamento do grupo de casos, no capítulo seguinte).

Reconhecer, no comércio jurídico, a presença de uma pessoa coletiva é ser confrontado com uma concreta atividade jurígena, cujos efeitos se imputam a sujeitos diversos das pessoas físicas que historicamente atuam.

Para que tal seja possível, é necessário que exista um concreto «modus operandi *da atividade jurídica*»[188], uma concreta *organização de atuação* (*Handlungsorganisation*[189]) que permita à sociedade desenvolver a sua atividade.

Sem tal organização, a atuação no comércio simplesmente não existe. Por tal razão, uma das aceções mais relevantes do conceito pessoa coletiva no discurso jurídico é, justamente, a aceção *pessoa-organização*, que desvela ao intérprete-aplicador uma constelação de problemas (ou *núcleo jurídico-problemático*) associados, fundamentalmente, à estrutura de organização da atividade societária[190].

III. À atuação no comércio está sempre associada uma certa perigosidade, decorrente da interação com as diversas esferas jurídicas. Agir é, na verdade, *interagir*. Neste sentido, toda a atuação jurídica é um *Risikofaktor* e envolve uma alocação de risco entre os diversos atores sociais.

É também fator de risco a interpretação de conceitos jurídicos indeterminados pelos órgãos sociais no desenvolvimento da atividade societária – e logo, no cumprimento das respetivas obrigações de administração e fiscalização. Cfr., com desenvolvimentos, JOSÉ FERREIRA GOMES, *Da administração à fiscalização das sociedades*, cit., 921 ss.

[188] DIOGO COSTA GONÇALVES, *Pessoa coletiva e sociedades comerciais*, cit., 808.
[189] UWE JOHN, *Die organisierte...*, cit., 74:
«Se a Rechtsperson tem, em primeiro lugar, a função de uma unidade de ação autónoma, então deve caracterizar-se por ser uma organização de atuação (Handlungsorganisation), no sentido abrangente de aqueles meios e instituições que possibilitam à Rechtsperson atuar no comércio jurídico».
[190] Com desenvolvimento e referências, DIOGO COSTA GONÇALVES, *Pessoa coletiva e sociedades comerciais*, cit., 46 ss. e 807 ss.

Neste contexto, a sociedade, para atuar no comércio jurídico, não pode organizar-se de um qualquer modo; antes *deve* organizar-se de um *modo adequado* a garantir, não só a justa realização dos seus interesses, como a indução da menor perigosidade possível no comércio.

Ao próprio fenómeno da personificação está, portanto, associado um *dever de organização adequada* da pessoa coletiva: esta deve adotar aquela organização que lhe permita atuar no comércio, garantindo a menor perigosidade de atuação[191].

IV. A organização da atuação da sociedade pressupõe uma divisão interna de tarefas. Quanto maior e mais complexa for a sua atividade, maior será a sua necessidade de repartir tarefas internamente e definir diferentes centros de competências, dando corpo a uma organização baseada numa divisão de trabalho (*arbeitsteilig Organisation*).

A existência de uma tal organização importa, naturalmente, a exposição ao risco da fragmentação do conhecimento (*Wissensaufspaltung*)[192], tanto mais intenso quanto maior e mais complexa for a organização. Sem prejuízo de quanto desenvolvemos adiante[193], a fragmentação do conhecimento é um *Organisationsrisiko* que deve ser controlado ou mitigado pela própria sociedade. Se esta beneficia da divisão de tarefas, deve suportar os seus riscos: *ubi commoda, ibi incommoda*[194].

---

[191] Daqui não decorre a necessária qualificação deste dever, ou das suas possíveis concretizações, como deveres no tráfego, para efeitos de responsabilidade civil aquiliana perante terceiros. Da mesma forma, não significa uma abertura genérica ao reconhecimento de normas de proteção, para efeitos do art. 483.º/1, 2.ª parte CC. Caso a caso, haverá que verificar o preenchimento dos respetivos pressupostos, tal como têm sido consolidados na doutrina e na jurisprudência.

[192] BAUM, *Die Wissenszurechnung*, cit., 226 ss. e 270-274. Veja-se também PETRA BUCK, *Wissen und juristische Person*, cit., 312 ss.

[193] *Infra* p. 85 ss.

[194] Neste sentido, DREXL, "Wissenszurechnung im Konzern", cit., 505:
«A imputação de conhecimento ocorre porque a organização baseada na divisão de trabalho (*arbeitsteilige Organisation*) traz benefícios. Consequentemente, aquele que beneficia tem que suportar o risco da fragmentação do conhecimento (*Wissensaufspaltung*) que tal divisão traz consigo e que ele pode controlar através de uma adequada organização».

Cfr. também, *v.g.*, CLAUS-WILHELM CANARIS, *Die Vertrauenshaftung im deutschen Privatrecht*, cit., 195, para quem «*os riscos de organização da atividade devem ser suportados pelo próprio dono do negócio*».

2. A organização do conhecimento como parte da organização societária

I. A organização adequada da sociedade envolve (também) o dever de criação e gestão de adequados sistemas de informação[195]. Em causa está o que é comum chamar-se *organização do conhecimento*: a criação e operacionalidade de complexos normativos orgânico-procedimentais internos da sociedade, dirigidos à garantia de adequados fluxos de informação.

II. Neste contexto não parece ser suficiente a identificação de *deveres de indagação* (*Informationsabfragepflichten*), dirigidos à obtenção da informação necessária à atuação no comércio, e de *deveres de transmissão* (*Informationsweiterleitungspflicht*), ordenados à conservação e circulação de tal informação pelos centros de decisão relevantes[196].

Um dos maiores desafios enfrentados por qualquer organização é o do *tratamento* ou *gestão* da informação. Hoje, mais do que nunca, tão grave quanto a falta de informação é o excesso de informação (*information*

---

[195] JOSÉ FERREIRA GOMES, *Da administração à fiscalização das sociedades*, cit., 239 ss., tendo por horizonte a densificação da vigilância dos administradores.

[196] Sobre esta concretização da obrigação de organização adequada dos fluxos de informação, no sentido de nela reconhecer, nuns casos, um dever de obtenção e conservação de informação e, noutros, um dever de transmitir, partilhar ou reencaminhar informação, cfr., *v.g.*, JOCHEN TAUPITZ, "Anmerkung", *JZ*, 51 (1996) 14, 734-736.
Para o autor, a estas duas concretizações deveria corresponder uma precisão terminológica: a distinção entre conhecimento (*Wissen*) e imputação de conhecimento (*Wissenszurechnung*). O conhecimento corresponderia à responsabilidade da sociedade pela sua própria informação e estaria associado ao dever de indagação (*Informationsabfragepflicht*). Pressuporia uma prévia imputação.
Já a imputação de conhecimento traduziria uma responsabilidade da sociedade por informação alheia, estando em causa o dever de partilha ou de reencaminhamento da informação (*Informationsweiterleitungspflicht*).
Se aquele que, nos termos da organização interna da sociedade, estava obrigado a partilhar ou reencaminhar certa informação, a transmite, a informação torna-se própria da sociedade: em causa estaria o conhecimento (*Wissen*) ou, eventualmente, o dever de conhecer (*Wissenmüssen*).
Se, porém, o dever de partilhar a informação é violado, então, tudo se passaria como se a transmissão da informação tivesse de facto ocorrido: haveria imputação de conhecimento (*Wissenszurechnung*):
«*Se aquele sujeito que sabe, em violação do dever, não informa o outro, então esse outro, através da imputação de conhecimento* (Wissenszurechnung), *é tratado como se a informação houvesse sido transmitida*».

overload)[197]. Tanto num caso como noutro, o sujeito que atua por conta da sociedade não está em condições de conformar a sua conduta nos termos normativamente pretendidos.

III. O processo de *tratamento ou gestão da informação* envolve juízos sucessivos sobre a relevância ou irrelevância de determinados factos, com vista à seleção, síntese e apresentação dos relevantes, assim dissociados dos irrelevantes.

Estes juízos são realizados *em função das finalidades tidas como relevantes no momento em causa*. Este ponto é central na avaliação *ex post* do tratamento dado à informação num momento passado, perante o conhecido risco de *hindsight bias*[198]. No exemplo dado por Campobasso, se no passado não se conheciam os riscos do amianto para a saúde, a informação sobre as condições do seu depósito poderia não ser considerada relevante e, como tal, poderia ser ignorada. O facto de hoje se conhecer a toxicidade do amianto não altera a avaliação sobre a legitimidade do juízo antes realizado no tratamento da informação[199].

Estão portanto em causa múltiplas decisões que condicionam a atuação daquele que é chamado a atuar com base na informação assim tratada.

Com efeito, a forma como a informação é selecionada, sintetizada e apresentada a este sujeito condiciona naturalmente o seu processo cognitivo, valorativo e reativo: determina a forma como o mesmo perceciona a realidade dos factos, como os avalia para os efeitos do caso concreto e como atua em consequência.

---

[197] CAMPOBASSO, *L'imputazione*, cit., 345.
[198] I.e., o risco de se considerarem eventos ocorridos como mais previsíveis do que efetivamente eram antes da sua ocorrência. Este fenómeno, frequentemente referido em análises de diversa índole, foi teorizado a partir dos estudos de psicologia cognitiva de DANIEL KAHNEMAN e AMOS TVERSKY (o primeiro viria a ser galardoado com o Prémio Nobel da Economia; o falecimento prematuro do segundo não lhe permitiria idêntico reconhecimento). Cfr., *v.g.*, A. TVERSKY e D. KAHNEMAN, "Availability: A heuristic for judging frequency and probability", *Cognitive psychology*, 5 (1973), 163-178, com inúmeros desenvolvimentos em diferentes áreas científicas, incluindo na Ciência do Direito. Para uma pequena introdução histórica aos estudos sobre esta matéria, cfr. BARUCH FISCHHOFF, "An early history of hindsight research", *Social Cognition*, 25:1 (2007), 10-13.
[199] CAMPOBASSO, *L'imputazione*, cit., 343 (n. 47).

IV. Aliás, em muitos casos, o tratamento e gestão de informação tem uma *natureza constitutiva do próprio conhecimento*, como já sublinhámos[200].

Isso é particularmente claro nos casos de agregação de informação inicialmente dispersa por várias unidades da sociedade. Só a sua ponderação conjunta permite afirmar o conhecimento de determinado facto ou circunstância.

Esse é, portanto, o momento – verificado no seio da própria sociedade – da constituição de um conhecimento que, anteriormente, não existia *qua tale*, enquanto estado psicológico de qualquer dos atores sociais isoladamente considerados.

É o próprio processo de tratamento e gestão da informação, inerente à imputação, que «cria» o conhecimento imputado, mediante a reunião de diversos elementos cognitivos.

V. O que fica dito quanto ao *tratamento* ou *gestão da informação* afasta o mito da inocuidade dos atos preparatórios, discutidos na concretização do dever de organização.

Como explica MATTHIAS GRAUMANN no seu ensaio sobre o conceito de "decisão", esta corresponde a uma "síntese coordenadora das necessárias subdecisões"[201]. O processo de decisão é marcado por decisões sucessivas, cuja variável complexidade e dificuldade pode superar aquelas que caracterizam a decisão final[202].

---

[200] *Supra* p. 26.
[201] Não é um "elemento compacto", mas uma construção que cobre seis diferentes fases do processo de decisão. O autor recusa por isso a tradicional distinção, na doutrina e jurisprudência, entre "decisão" (*Entscheidung*) e "preparação de decisão" (*Entscheidungsvorbereitung*) ou "preparação das bases da decisão" (*Erstellung der Entscheidungsgrundlagen*).
[202] Exemplo disso são os casos que vieram a público com a crise financeira de 2009: muitos bancos sofreram perdas elevadas, decorrentes de negócios sobre instrumentos financeiros estruturados, tendo sido discutido se os administradores dos mesmos teriam avaliado diligentemente os riscos associados a tais negócios.
Segundo GRAUMANN, esta avaliação não se situa numa "área prévia à decisão" (*"Vorbereich der Entscheidung"*), como sugere LUTTER; envolve múltiplas subdecisões no processo de preparação da decisão sobre os previsíveis efeitos das alternativas de ação consideradas e sobre os riscos que as mesmas acarretavam para os bancos. MATTHIAS GRAUMANN, "Der Entscheidungsbegriff in § 93 Abs. 1 Satz 2 AktG: Rekonstruktion des traditionellen Verständnisses und Vorschlag für eine moderne Konzeption", *ZGR*, 40:3 (2011), 293-303 (300), MARCUS

A preocupação subjacente a este ensaio jussocietário tem paralelo no direito administrativo, tendo sido um dos elementos determinantes da valorização do *procedimento administrativo* (face ao ato administrativo), que entretanto passou a ocupar lugar central neste ramo do Direito. Como explica VASCO PEREIRA DA SILVA[203], «a função administrativa é de tal forma complexa que praticamente nenhuma decisão é "one shot", ou seja, nenhuma decisão se esgota num único acto».

Esta valorização do procedimento tem por base um entendimento das medidas administrativas como o resultado de um processo de tratamento de informação e uma valorização do elemento procedimental de qualquer decisão. Segundo o autor[204], «[a] decisão administrativa teria, portanto, de ser entendida "como procedimento" ("als Vorgang") *e não como resultado desse procedimento* ("als Produkt dieses Vorgang")»[205].

VI. A organização do conhecimento através de sistemas de informação envolve a articulação de meios humanos e meios técnicos.

Em todo o caso, não se pode olvidar que as normas que compõem esses sistemas regulam sempre condutas humanas: dos que atuam diretamente sobre a informação e dos que manuseiam os meios técnicos de gestão de informação, dos mais simples arquivos em papel aos mais complexos sistemas informáticos de apreensão e gestão de conhecimento.

Estes últimos assumem um papel cada vez mais relevante em todas as organizações, operando frequentemente sem qualquer intervenção humana, assim colocando novos desafios aos quadros da imputação de conhecimento[206]. Essa operação, porém, sempre dependerá de uma concreta programação, regulada também ela pelas referidas normas de organização.

LUTTER, "Die Business Judgment Rule und ihre praktische Anwendung", *ZIP*, 28:18 (2007), 841-848 (844).
[203] Citando CASSESE.
[204] Citando W. SCHMIDT.
[205] VASCO PEREIRA DA SILVA, *Em busca do acto administrativo perdido*, 1986, 301-309.
[206] Como referimos antes, na generalidade dos casos, o tratamento informático da informação é acompanhado por pessoas singulares que nalgum momento a absorvem, assim se modelando um determinado estado psicológico de conhecimento. Noutros casos, porém, temos imputação independentemente de qualquer ato de conhecimento por uma pessoa singular e de um qualquer estado psicológico de conhecimento.

3. A imputação de conhecimento como alocação de risco

I. Com este enquadramento, a imputação de conhecimento – que vimos já ser sempre normativa, plurifuncional e sinépica[207] – surge-nos como um juízo de imputação ou *alocação de risco*.

Em causa está, no fundo, determinar se o conhecimento – enquanto *Risikofaktor* – integra o risco de organização a ser suportado pela sociedade.

Tal ocorre se o fator de risco em causa for controlável mediante a adoção de uma adequada organização. Daqui resulta que o juízo de imputação de conhecimento à sociedade opera por duas vias: quando o sujeito que atua por conta desta, e tendo em conta a normatividade relevante para o caso, *conhecia* a informação em causa[208] ou, não conhecendo, *devia conhecer*.

O *dever conhecer*, por sua vez, opera em dois contextos normativos distintos: perante a existência de uma organização adequada de conhecimento ou perante a sua ausência.

II. A primeira via de imputação é definitivamente mais simples: se o sujeito que atua por conta da sociedade conhecia os factos, esse conhecimento é imputado à sociedade, independentemente de a informação ter sido recebida através de procedimentos adequadamente organizados pela sociedade ou fortuitamente.

Trata-se de uma adequada distribuição de esferas de risco, justificada pela necessidade de proteção do comércio jurídico: à sociedade cabe suportar o risco do conhecimento daquele que atua por sua conta[209]. O regime constante do art. 259.º CC, pese embora a sua insufiência dogmática, pode aqui ser um arrimo juspositivo relevante na decisão de imputação, sobretudo se tivermos em conta o enquadramento dogmático desenvolvido no sistema alemão.

Este ponto será desenvolvido adiante nos grupos de casos, com destaque para o caso relativo às máquinas *overlock*[210].

---

[207] *Supra* p. 32 ss.
[208] Sem prejuízo do bloqueio de imputação nos casos enunciados *infra*, no § 12 (p. 94 ss.) e dos matizes refletidos nos grupos de casos analisados.
[209] TAUPITZ, "Anmerkung", cit., 736.
[210] *Infra* p. 105 ss.

III. A segunda via de imputação exige juízos mais complexos.

Se a sociedade adotou uma adequada organização e, ainda assim, o conhecimento de certo estado de coisas não foi assegurado, devemos assumir, como princípio de ponderação, que o conhecimento em causa escapa à controlabilidade da sociedade e, como tal, o risco a ele associado não lhe deve ser imputado.

O mesmo não pode dizer-se no caso de falência do sistema de organização de conhecimento ou da sua estruturação em termos inadequados. Se as regras implementadas não foram concretamente observadas ou se revelaram inadequadas, estamos perante um risco próprio da sociedade: *sibi imputet*. O conhecimento que deveria ter sido obtido e/ou ponderado, mas não o foi por um desses motivos, é imputável à sociedade. Opera aqui uma ficção jurídica.

IV. Como facilmente se intui, este enquadramento geral tem por pedra angular a noção de *adequação* da organização e de *controlabilidade* do risco: *Quando é que é possível dizer que certa organização de conhecimento é adequada, para que daí se retirem critérios de imputação de risco? Quando é que se pode dizer que, não obstante a adequação da organização, o risco em causa não era controlável pela sociedade, assim afastando a imputação?*

A resposta a estas questões é apresentada em seguida no § 11.

Nas fronteiras deste enquadramento, ficam ainda a questão do bloqueio da imputação perante deveres de confidencialidade, a segregação de informação (*chinese walls*) e a proteção de dados pessoais, que analisaremos adiante no § 12.

§ 11. Desenvolvimento e concretização

1. A "adequação" da organização

I. Nos termos sustentados, a imputação de conhecimento encontra hoje o seu fundamento nos imperativos de proteção do tráfego e nos deveres de adequada organização dos fluxos de informação no seio da sociedade, com aqueles relacionados[211].

Não assenta, portanto, numa necessária inferência lógico-conceptual da posição do sujeito, mas numa ponderação axiológica de distribuição de risco entre a sociedade e a sua contraparte (ou demais esferas jurídicas envolvidas)[212].

II. A sociedade deve organizar-se internamente, de forma adequada (*dever de adequada organização*), para assegurar que a informação obtida por um qualquer ator social (membro de um órgão[213], trabalhador ou colaborador) é colocada à disposição daquele que é chamado a cumprir a norma em causa.

O risco de organização (*Organisationsrisiko*), concretizado num risco de inadequado tratamento interno da informação, corre por conta da sociedade[214]. Desta forma, o conhecimento é-lhe imputado quando a *organização*[215] dispunha da informação relevante que, através da adoção de adequados *sistemas de informação* – enquanto complexos normativos orgânicoprocedimentais internos da sociedade dirigidos à garantia de adequados fluxos

---

[211] BGH 2-fev.-1996, *BGHZ*, 132, 30 (37). Cfr. THOMAS RAISER, "Kenntnis und Kennenmüssen von Unternehmen", cit., 563-564. Cfr. tb. a síntese de FLEISCHER, in *Komm. zum AktG*³, § 78, n.º 54.

[212] Assim na jurisprudência alemã desde o acórdão BGH 8-dez.-1989, *BGHZ* 109, 327, 331. Cfr. também BGH 2-fev.-1996, *BGHZ*, 132, 30 (35). Sobre estes acórdãos, cfr., entre tantos outros, MARKUS GEHRLEIN, "Zur Haftung der juristischen Person", *Festschrift für Uwe Hüffer zum 70. Gebuststag*, 2010, 205-224, 215, RAISER, "Kenntnis und Kennenmüssen...", cit., 564-565, MATHIAS HABERSACK e MAX FOERSTER, in *AktG Großkommentar*, 5.ª ed., 2015, § 78, n.ºs 39 ss., e, sinteticamente, MICHAEL KORT, in *AktG Großkommentar*⁵, § 76, n.º 203.

[213] De acordo com a doutrina dominante no sistema alemão, os deveres de organização relacionados com a informação relevam não apenas para efeito da imputação infra-orgânica, mas também para efeitos da imputação ao nível dos órgãos sociais. WOLFGANG ZÖLLNER e ULRICH NOACK, in ADOLF BAUMBACH e ALFRED HUECK, *GmbHG*, 21.ª ed., 2017, § 35, n.º 150, HABERSACK e FOERSTER, in *AktG Großkommentar*⁵, § 78, n.º 39.
Sobre o conceito de "órgãos sociais", cfr. n. 87 *supra*.

[214] Como desenvolvemos adiante (p. 98 ss.), tal não implica uma imputação independente de culpa.

[215] Vimos já que a informação pode existir enquanto estado psicológico de um ator social (membro de um órgão, trabalhador ou colaborador...) ou em suporte documental, entendendo aqui documento no sentido amplo prescrito pelo art. 362.º CC e, nessa medida, cobrindo qualquer forma de arquivo físico ou digital da informação.

internos de informação[216] – poderia ser colocada à disposição daquele que é chamado ao cumprimento.

Assumimos então como fundamento da imputação a *teoria do risco de organização*, de acordo com a qual aquele que, para desenvolvimento da sua atividade, divide tarefas (e delega poderes para o efeito), deve suportar os correspondentes riscos de organização.

III. Perante cada caso concreto, o intérprete-aplicador é chamado a questionar se a sociedade se organizou internamente de forma *adequada* ou não. Por outras palavras, é chamado à avaliação da concreta aptidão dos *sistemas de informação* da sociedade para a obtenção, gestão, conservação e distribuição da informação no seu seio. São estes que habilitam cada sujeito da estrutura societária a conhecer os factos de que carece para assegurar a atuação e devir da própria sociedade.

Estamos perante uma obrigação de conteúdo *a priori* indeterminado, mas determinável perante as circunstâncias de cada caso concreto: a *adequação* da organização de conhecimento carece sempre de um juízo casuístico[217]; não é possível fixar aprioristicamente os requisitos de adequação da estrutura organizativa.

Não obstante, é possível identificar alguns *parâmetros gerais* a ponderar pelo intérprete-aplicador, na concretização normativa do dever de adequada organização.

Para além disso, a partir da jurisprudência firmada em diferentes quadrantes é possível identificar *situações-tipo* ou *grupos de casos*. Estes constituem proposições configuradas como tipos intermédios entre a bitola legal e as concretas circunstâncias do caso *decidendo*, que promovem a conformação *ex ante* da conduta dos sujeitos e conferem modelos de decisão ao intérprete-aplicador. Tais modelos de decisão são móveis, pelo que sempre exigirão a ordenação de vários fatores em função das concretas circunstâncias do caso.

---

[216] São estes sistemas que habilitam cada sujeito da estrutura societária a conhecer os factos de que carece para assegurar a atuação e devir da própria sociedade. Sobre estes sistemas, cfr. José FERREIRA GOMES, *Da administração à fiscalização das sociedades*, cit., 239 ss.
[217] Neste sentido, José FERREIRA GOMES, *Da administração à fiscalização das sociedades*, cit., 241.

2. Cont.: parâmetros gerais

I. Comecemos pelos parâmetros gerais, estreitamente relacionados entre si, mas sistematizáveis em três núcleos essenciais, reservando a análise dos grupos de casos para o Capítulo V:

(i) Num primeiro núcleo, temos parâmetros relacionados com a atividade da sociedade: a natureza da própria atividade; a natureza e intensidade dos riscos da atividade para a própria sociedade; e a intensidade da perigosidade da atividade da sociedade para terceiros.

(ii) Num segundo núcleo, temos parâmetros relativos à organização da sociedade: a extensão e complexidade da organização da sociedade; e circunstâncias específicas das pessoas incluídas na organização.

(iii) Num terceiro e último núcleo temos os parâmetros respeitantes aos terceiros com quem interage a sociedade[218].

Vejamos com maior detalhe.

II. Quanto ao primeiro núcleo: deve ser tida em conta, em primeiro lugar, a *natureza da atividade* societária e a sua relação com fluxos de informação.

A informação é sempre essencial, sendo hoje reconhecida como um dos mais importantes ativos de qualquer sociedade: é o «bem empresarial por excelência» (*"Unternehmensressource schlechthin"*)[219]. Porém, há sectores de atividade empresarial onde a relação entre a atuação societária e os fluxos de informação é mais intensa, constante e dinâmica. A informação surge como pressuposto de todos ou da maioria dos atos societários. Outros há

---

[218] Confrontar com os parâmetros gerais e grupos de casos apresentados, para efeitos da concretização das obrigações de administração e fiscalização dos órgãos sociais (e, logo, também dos deveres de criação e fiscalização dos sistemas de informação), em José Ferreira Gomes, *Da administração à fiscalização das sociedades*, cit., 236-239, 340-341.

[219] José Ferreira Gomes, *Da administração à fiscalização das sociedades*, cit., 175, Holger Fleischer, "Leitungsaufgabe des Vorstands im Aktienrecht", *ZIP*, 24:1 (2003), 1-11 (5), Florian Mader, *Der Informationsfluss im Unternehmensverbund*, 2016, 1-2.

em que a relação entre a atuação societária e o fluxo de informação é mais episódica ou marginal.

Pense-se, por exemplo, numa sociedade financeira e numa sociedade agrícola: a relação entre a atividade das sociedades em causa e os fluxos de informação é radicalmente distinta.

A adequação da organização de conhecimento não é alheia, portanto, a tal fator. Aquela organização de conhecimento que pode ser adequada para a sociedade agrícola não o será, seguramente, para a sociedade financeira, ainda que o EBITDA da primeira, por exemplo, seja muito mais expressivo.

Quanto maior for a dependência da sociedade de uma informação atual, qualificada, concreta, diversificada, etc., maiores serão as exigências de adequação.

III. Em segundo lugar temos a ponderação da *natureza e intensidade dos riscos* a que a sociedade se encontra exposta.

As atividades cuja perigosidade é muito intensa exigem uma vigilância radicalmente diversa daqueloutras expostas ou indutoras de graus de perigosidade diminutos.

A organização de conhecimento tem, por isso, relação com os denominados sistemas de *enterprise risk management (ERM)*[220] e com a própria criação de implementação de tais modelos de controlo e gestão de risco.

IV. Em terceiro lugar, destaca-se a avaliação da *perigosidade da atividade societária para terceiros*.

A existência da sociedade implica sempre interação com terceiros e, com esta, a possibilidade de produção de danos. Não obstante, facilmente se constata que diferentes atividades comportam diferentes níveis de perigosidade para terceiros.

Assim, por exemplo, no caso das instituições de crédito e dos intermediários financeiros, a natureza fiduciária da relação que tendencialmente se estabelece com os clientes potencia o risco de produção de danos: quanto maior é a confiança depositada na contraparte, menores são as defesas

---

[220] José Ferreira Gomes, *Da administração à fiscalização das sociedades*, cit., 241-242.

instituídas pelo sujeito na relação subjacente e, logo, maior o risco de sofrer danos perante o incumprimento dos deveres dirigidos à sua proteção.

Assim se compreendem as especiais preocupações do sistema relativamente à adequada organização interna destas instituições, expressas em várias concretizações normativas (arts. 73.º RGICSF e 305.º a 305.º-E CVM)[221].

Estas preocupações estendem-se naturalmente à gestão e circulação interna da informação, de forma a permitir que todos os sujeitos da organização atuem com base na informação necessária para o efeito.

V. Passemos ao segundo núcleo. Em primeiro lugar, deve atender-se à *extensão e complexidade da organização* societária[222]. Sociedades que tenham um perfil semelhante quanto à relação entre a sua atividade e os fluxos de informação, conhecem dimensões concretas e graus de complexidade organizativos diversos.

Quanto maior a dimensão e a complexidade da sociedade, maior a fragmentação do conhecimento, sendo maiores os desafios inerentes à sua gestão e transmissão interna.

Assegurar que aqueles que atuam em cada momento histórico, e em cada sector da atividade, estão na posse dos elementos cognitivos necessários ou convenientes, exige uma compleição organizativa tanto mais robusta quanto mais extensa e complexa for a atividade societária.

VI. Em segundo lugar, destaque-se a importância da ponderação casuística do perfil e demais circunstâncias relacionadas com as concretas pessoas incluídas na organização.

A organização do conhecimento tem de ser adequada às habilitações académicas, à experiência profissional, ao nível de conhecimento técnico

---

[221] Cfr. também o anteprojeto de transposição da Diretriz 2014/65/UE do Parlamento Europeu e do Conselho, de 15-mai.-2014, relativa aos mercados de instrumentos financeiros (conhecida pelo acrónimo DMIF II ou, na versão inglesa, que preferimos, MiFID II), em particular a proposta de art. 86.º-A RGICSF, relativo ao dever de organização das instituições de crédito. Este documento pode ser consultado no sítio da internet da CMVM em http://www.cmvm.pt/pt/CMVM/CNSF/ConselhoNacionalDeSupervisoresFinanceiros/Pages/20170118a.aspx.
[222] José FERREIRA GOMES, *Da administração à fiscalização das sociedades*, cit., 240-241.

específico sobre determinados produtos ou serviços, ao nível de conhecimento das circunstâncias relevantes dos terceiros com quem a sociedade interage, etc.

Assim, por exemplo, o sistema de informação instituído tem de assegurar um maior nível informativo de um novo colaborador na relação com um determinado cliente do banco do que ao gestor de conta que acompanha esse mesmo cliente há 20 anos. Só assim será possível à pessoa em causa cumprir, em nome do banco, os deveres de informação e de adequação que se imponham em cada caso para com esse cliente.

VII. O terceiro núcleo é relativo às circunstâncias específicas do terceiro com o qual interage a sociedade.

Na medida em que o seu conhecimento de determinados factos relativos a uma contraparte contratual podem determinar a intensidade dos seus deveres para com esta ou até para com terceiros, deve a sociedade adaptar a sua organização de conhecimento em conformidade.

Assim, por exemplo, o conhecimento que um banco tem da situação financeira de uma empresa sua cliente releva não apenas para a sua gestão interna do risco de crédito, mas também para a conformação da sua conduta para com o cliente, no sentido de evitar a causação de danos não só a este, mas também a outros credores deste.

Recorde-se a este propósito o tema da responsabilidade do credor controlador perante os demais credores do devedor[223].

3. Cont.: convocação das regras de *corporate governance*

I. O preenchimento dos parâmetros gerais referidos convoca, de forma decisiva, a ponderação das regras de *corporate governance*[224].

---

[223] ANA PERESTRELO DE OLIVEIRA, "Os credores e o governo societário: deveres de lealdade para os credores controladores", *RDS*, 1:1 (2009), 95-133.
[224] Veja-se o recente NAUMANN e SIEGEL, "Wissensorganisation", cit., 273-301.

Num primeiro nível, relevam as regras relativas à estrutura, composição e competências dos órgãos sociais[225], tal como modeladas pelos estatutos da sociedade, onde a (entre nós reduzida) liberdade contratual o permita.

Num segundo nível temos os desenvolvimentos operados sobre o sentido e o alcance das obrigações de administração e de vigilância, enquanto conceito-síntese (*Inbegriffe*) dos complexos normativos a que estão sujeitos os órgãos de administração e de fiscalização da sociedade. É na concretização casuística destes, em função da bitola de diligência normativa, que se afirmam os deveres de criação e de fiscalização dos sistemas de informação[226].

II. As conquistas operadas pela doutrina e pela jurisprudência neste campo aproveitam naturalmente à ponderação da adequação da estrutura organizativa do conhecimento existente na sociedade, para efeitos da imputação do conhecimento.

Com efeito, no cumprimento da sua obrigação de organização, a sociedade atua necessariamente (direta ou indiretamente) por intermédio dos seus órgãos; são estes que asseguram, nos termos legais e em leal cooperação entre si, a autodeterminação da sociedade no comércio jurídico.

Assim sendo, as conquistas operadas pelo Direito na conformação da conduta dos sujeitos titulares dos órgãos sociais conformam, em paralelo, as exigências do sistema à própria pessoa coletiva.

Da mesma forma, mas em sentido inverso, as concretizações legais da obrigação de organização da pessoa coletiva conformam os deveres dos órgãos sociais para com a mesma. Este aspeto é especialmente importante no momento em que, para alguns, se vive a *quarta geração* de deveres de organização, marcada por uma regulamentação macro-sistemática, que influi necessariamente no desenho da organização interna de cada sujeito que atua no mercado[227].

---

[225] Sobre o conceito de órgãos sociais, cfr. n. 87 *supra*.

[226] Com desenvolvimentos, José Ferreira Gomes, *Da administração à fiscalização das sociedades*, cit., 148 ss. (em especial, 239 ss., sobre o dever de organização e, dentro deste, o dever de criação de sistemas de informação), 273 ss. (em especial, 318 ss., a propósito da "licitude" e "regularidade" enquanto critérios de avaliação da administração).

[227] Jens-Hinrich Binder, "Organisationspflichten und das Finanzdienstleistungs-Unternehmensrecht: Bestandsaufnahme, Probleme, Konsequenzen", *ZGR*, 5 (2015), 667-708 (699 ss).

III. Neste sentido, a resposta à questão sobre «o que deve fazer a sociedade para se organizar adequadamente?» traduz-se necessariamente naqueloutra «*a que estão vinculados os seus órgãos na sua organização?*».

Os desenvolvimentos alcançados na resposta a uma questão aproveitam então necessariamente à resposta à outra. E isto também no quadro específico da *organização do conhecimento*.

4. O limite da imputação: a controlabilidade do risco da segregação da informação

I. Tratamos agora da *controlabilidade* do risco da segregação da informação enquanto limite à imputação do conhecimento à sociedade.

O fundamento da imputação é a proteção do tráfego que impõe a cada sociedade a organização adequada da sua atividade e, em particular, do seu conhecimento: é imputado o conhecimento da informação de que a organização disponha e que, existindo adequados sistemas de informação, poderia ter sido colocado à disposição daquele que é chamado a atuar, tendo em conta a normatividade.

O autor procede a uma análise histórica detalhada da origem e densificação progressiva dos deveres de organização no mercado de capitais. Os últimos dois a três lustros correspondem, na proposta do autor, à *terceira geração de deveres de organização* no direito da prestação de serviços financeiros, marcado sobretudo por uma reação enérgica à crise financeira global (imputada não poucas vezes a falhas de organização graves dos atores do mercado).

A *quarta geração* surge, para o autor, marcada já não por uma preocupação de micro-organização de cada sujeito de direito, mas pela estabilização de uma organização sistémica global, com naturais repercussões na micro-organização de cada ator no mercado.

Não obstante em causa estar um concreto desenvolvimento do direito do mercado de capitais, existe um necessário *refluxo societário*: os deveres de organização tendem a distanciar-se cada vez mais do fundamento tradicional de matriz organicista, procurando outros lugares dogmáticos de concretização.

«*De um modo geral, deve sublinhar-se que a génese, o conteúdo e a qualidade dos* aufsichtsrechtlichen Organisationspflichten *não têm mais que ver com com o berço orgânico dos fundamentos da organização, que é a característica tradicional do direito das sociedades anónimas*».

Do mesmo modo, a organização sistémica global influi sobre a concreta organização das sociedades em causa (pelo menos naqueles que mais atuam no mercado de capitais).

II. Esta formulação permite antever os limites da imputação: se só é imputável o conhecimento de que o sujeito (que atua por conta da sociedade) *dispõe* ou *deveria dispor* no quadro de uma organização adequada, há necessariamente informações cujo conhecimento não pode ser imputado à sociedade: são as informações de que o sujeito (que atua por conta da sociedade) *não dispõe, nem era exigível que dispusesse* através de uma organização adequada – entendida esta como o produto do cumprimento da obrigação de organização, nos termos sustentados.

III. Esta questão tem sido tratada em torno do conceito de *controlabilidade (Beherrschbarkeit)* do risco da fragmentação do conhecimento própria da divisão de tarefas no seio da sociedade.

Como referimos antes, *Beherrschbarkeit* surge como um *Inbegriff*: representa a síntese conceptual de um conjunto de ponderações que gravitam em torno da recondução da imputação de conhecimento ao princípio do risco. Na medida em que a obrigação de organização intra-societária surge associada ao risco da fragmentação da informação, a sua densificação fica associada à possibilidade de controlar esse risco.

Assim, a imputação tem por limite a concreta possibilidade de uma sociedade, através da sua organização adequada, controlar esse fator de perigosidade.

§ 12. Desvios: bloqueio da imputação

1. O bloqueio da imputação perante deveres de confidencialidade e segregação de informação: segredo profissional, *chinese walls*, proteção de dados pessoais

I. A imputação de conhecimento com base no risco de organização, nos termos expostos, conhece um importante desvio, traduzido no bloqueio de imputação determinado por um conflito de deveres.

Aquele que tem acesso ao conhecimento relevante (i) não faz dele uso quando atua por conta da sociedade ou (ii) não o comunica, documenta ou transmite a outros que atuam por conta da sociedade, porque se encontra abrangido por um *dever de confidencialidade*.

Prima facie, caberia à sociedade suportar o risco inerente tanto a uma, como a outra situação. Porém, nestas hipóteses, a existência de um dever de conduta titulado por fonte normativa diversa *pode eventualmente* afastar a imputação.

II. Nos termos gerais, o conflito de deveres exclui a ilicitude quando não seja possível o cumprimento tempestivo ou simultâneo de deveres de agir em conflito, *sendo necessário dar prevalência a um (hierarquicamente superior)*, sacrificando o outro: *ad impossibilita nemo tenetur*[228].

A exclusão da ilicitude determina a exclusão da responsabilidade civil[229], mas, mais importante para o que ora nos ocupa, determina também o bloqueio da imputação de conhecimento.

III. O conflito entre os deveres em presença tem de ser real e alheio à vontade da sociedade (e do sujeito que atua por sua conta). Como já reconheceu o STJ, se o sujeito se colocou *culposamente* numa situação de conflito, não é excluída a responsabilidade civil[230], por força da boa-fé. Da mesma forma, mantém-se a imputação.

Assim, por exemplo, o intermediário financeiro que incumpra o seu dever de organização, dirigido à identificação de possíveis conflitos de interesse e à conformação da sua conduta de modo a evitar ou a reduzir ao mínimo o risco da sua ocorrência (art. 309.º/1 CVM), não pode depois

---

[228] No domínio civilista, a questão é tratada a propósito da colisão de direitos (art. 335.º CC), sendo os termos desta convolados para a colisão de deveres. Cfr., por todos, ANTÓNIO MENEZES CORDEIRO, "Da colisão de direitos", *O Direito*, 137:1 (2005), 37-55 (38), *Tratado de Direito civil*, 8, 2010, 485-490.
No Direito penal, a questão foi expressamente regulada no art. 36.º/1 CP, com claros contactos face ao disposto no art. 335.º CC. Cfr., por todos, JORGE FIGUEIREDO DIAS, *Direito penal: Parte geral*, 1, 2.ª ed., 2007, 466 ss.

[229] OLINDO GERALDES, "Conflito de deveres", *O Direito*, 141:2 (2009), 411-428 (411).

[230] STJ 27-mai.-2004 (Azevedo Ramos), *CJ/Supremo*, 12:2 (2004), 71-74 (73), citando o Prof. MÁRIO JÚLIO DE ALMEIDA COSTA, *Direito das obrigações*, na 5.ª ed., de 1991, 456. Cfr. tb. OLINDO GERALDES, "Conflito de deveres", cit., 411-428 (413), MENEZES CORDEIRO, "Da colisão de direitos", cit., 47, *Tratado*, 8, cit., 485-486.

prevalecer-se de um conflito que poderia ter sido evitado para afastar a sua responsabilidade e para bloquear a imputação.

IV. A sobreordenação de um dever a outro não é arbitrária; antes obedece a uma cuidadosa ponderação axiológica no quadro do sistema: prevalece o dever que deva considerar-se superior (art. 335.º/2 CC)[231].

Sendo os deveres da mesma hierarquia, devem ceder «na medida do necessário para que todos produzam igualmente o seu efeito, sem maior detrimento para qualquer das partes» (art. 335.º/1)[232].

Em suma: se o dever de confidencialidade do sujeito for hierarquicamente superior ao dever de comunicar as informações de que tem conhecimento, de forma a poderem ser usadas por aqueles que atuam por conta da sociedade, não haverá lugar a imputação.

V. A fonte normativa do dever de não comunicar pode ser de distinta natureza. Destacam-se tipicamente as obrigações legais de segregação de informação para salvaguarda de determinados interesses públicos, como aquelas a que estão sujeitos os intermediários financeiros, bem como as regras deontológicas subjacentes a determinadas profissões (medicina, advocacia, etc.), como veremos adiante nos casos das *"chinese walls"*[233] e do segredo médico[234].

Não menos importantes são os imperativos de proteção de dados pessoais[235]. De acordo com a Lei n.º 67/98, de 26-out., a informação, de qualquer natureza e independentemente do respetivo suporte, relativa a uma

---

[231] MENEZES CORDEIRO, *Tratado*, 8, cit., 486-490, oferece como critérios de ordenação a antiguidade relativa, os danos previsíveis e as vantagens envolvidas. OLINDO GERALDES, "Conflito de deveres", cit., 415-419, por seu turno, refere a antiguidade relativa, os danos pelo não cumprimento, a prevalência em abstrato, o igual sacrifício, a composição aleatória equilibrada e a composição aleatória.

[232] Para efeitos civis, não vale a conclusão alcançada, num caso de direito penal, com base no art. 36.º/1 CP, no acórdão RG 4-fev.-2013 (M.ª Luísa Arantes), Proc. 285/11.7IDBRG.G1, no qual se afirmou que «*[n]os casos em que não é possível estabelecer essa hierarquização, o agente pode eleger o cumprimento de qualquer dos deveres*».

[233] As "muralhas chinesas" ou "barreiras informativas" são, como veremos adiante, esquemas organizativos e regras internas destinadas a segregar a informação dentro de uma organização.

[234] *Infra* p. 152 ss.

[235] CAMPOBASSO, *L'imputazione*, cit., 344-345.

pessoa singular identificada ou identificável ("dados pessoais")[236], *só pode ser recolhida para finalidades determinadas*, explícitas e legítimas, não podendo ser posteriormente tratada de forma incompatível com essas finalidades [art. 5.º/1, *b*)].

Nos casos em que o consentimento do titular dos dados é exigido[237], o tratamento dos mesmos deve ser coerente com a finalidade para a qual foi obtido tal consentimento [art. 5.º/1, *c*)].

Para além disso, os dados não podem ser conservados, de forma que permita a identificação do seu titular, por tempo superior ao necessário para a prossecução do fim para que foram recolhidos [art. 5.º/1, *e*)].

Tudo isto deve ser tido em consideração na ponderação dos limites da possibilidade jurídica dos sistemas de informação cuja implementação pode ser exigida às sociedades comerciais, para efeitos da imputação do conhecimento.

VI. Em todo o caso, a confidencialidade não tem de ser expressamente exigida por regras legais ou contratuais.

Assim, não pode ignorar-se o sigilo natural, decorrente da natureza das relações pessoais em causa (familiares, por exemplo), que poderá ser um fator a ponderar no bloqueio da imputação.

Para além disso, cláusulas abertas como os *bons costumes* (que integram já normas deontológicas, com crescente conteúdo jurídico-económico[238]), por exemplo, podem permitir a identificação de deveres de confidencialidade que bloqueiem a imputação de conhecimento.

---

[236] Cfr. art. 3.º, *a*).
[237] Nos termos do art. 6.º, não é exigido o consentimento do titular para o tratamento de dados pessoais quando o mesmo seja necessário para: «*a) Execução de contrato ou contratos em que o titular dos dados seja parte ou de diligências prévias à formação do contrato ou declaração da vontade negocial efectuadas a seu pedido; b) Cumprimento de obrigação legal a que o responsável pelo tratamento esteja sujeito; c) Protecção de interesses vitais do titular dos dados, se este estiver física ou legalmente incapaz de dar o seu consentimento; d) Execução de uma missão de interesse público ou no exercício de autoridade pública em que esteja investido o responsável pelo tratamento ou um terceiro a quem os dados sejam comunicados; e) Prossecução de interesses legítimos do responsável pelo tratamento ou de terceiro a quem os dados sejam comunicados, desde que não devam prevalecer os interesses ou os direitos, liberdades e garantias do titular dos dados*».
[238] MENEZES CORDEIRO, *Tratado*, 2⁴, cit., 2014, 600-602, JOSÉ FERREIRA GOMES, *Da administração à fiscalização das sociedades*, cit., 377-378.

Um campo onde a concretização é naturalmente difícil e exige um cuidado apuro técnico diz respeito aos casos de pluriocupação de cargos societários.

Por princípio, um administrador deve à sociedade reserva e confidencialidade quanto aos assuntos que dizem respeito ao seu giro comercial. Mas tal princípio não pode permitir ao administrador escudar-se numa confidencialidade que redunda na legitimação de um comportamento esquizofrénico.

Mas tão pouco pode permitir a alocação à sociedade (leia-se: *share* e *stakeholhers*) de um risco que não se justifica que por ela seja suportado.

VII. Perante este quadro: se o agente em causa guarda a reserva devida, o conhecimento não pode ser imputado à sociedade; se, porém, a reserva não for observada, então – independentemente da eventual relevância de um juízo de licitude/ilicitude – há imputação de conhecimento.

§ 13. Excurso: culpa de organização v. imputação objetiva do conhecimento

I. Sustentámos antes que a organização da atuação da sociedade pressupõe uma distribuição interna de tarefas, dando corpo a uma organização baseada na divisão de trabalho (*arbeitsteilig Organisation*).

Esta organização comporta um risco de fragmentação do conhecimento (*Wissensaufspaltung*) que deve ser controlado ou mitigado pela própria sociedade. Se esta beneficia da divisão de tarefas, deve suportar os seus riscos: *ubi commoda, ibi incommoda*.

É tempo agora de sublinhar que esta linha argumentativa não pode ser exacerbada ao ponto de justificar a imputação *objetiva* do conhecimento às sociedades, *i.e.*, independentemente de culpa, como se tem sustentado no quadro da teoria do "risco da empresa".

Esta é, como vimos[239], a perspetiva dominante no sistema norte-americano, tal como sintetizada pelo § 5.03 do *Restatement Third on Agency*,

---

[239] Cfr. § 4 *supra*.

coerente com a teoria percursora de CALABRESI de que o dano deve ser suportado por aquele que o pode evitar com o menor custo económico (*cheapest cost avoider*)[240].

II. Em primeiro lugar, todas as atividades humanas são, por regra, dirigidas à realização de um interesse pessoal e fonte de risco, ainda que remoto, e nem por isso justificam a imputação objetiva de danos[241]. O princípio geral, tal como previsto no art. 483.º/2 CC, é o da responsabilidade subjetiva: só existe obrigação de indemnizar independentemente de culpa nos casos especificados na lei.

Neste sentido, o art. 493.º/2 CC estabelece um regime de responsabilidade *subjetiva* pelos danos casusados no exercício de atividades perigosas, ainda que com presunção de culpa[242].

Por maioria de razão, não deve admitir-se a imputação objetiva do conhecimento.

III. Em segundo lugar, uma tal solução determinaria uma inaceitável diferenciação face ao regime aplicável às pessoas singulares, cujo conhecimento não é determinado em função de todas as circunstâncias vividas, mas apenas aquelas que *recorda* ou *deveria recordar* no momento relevante[243].

O mesmo deve valer para a imputação do conhecimento às sociedades comerciais, não havendo fundamento normativo para solução diversa.

IV. Em terceiro lugar, se é certo que a divisão de trabalho comporta uma fragmentação do conhecimento, também é verdade que permite à sociedade adquirir muito mais informação. Não pode portanto assumir-se

---

[240] GUIDO CALABRESI, *The costs of accidents: a legal and economic analysis*, 1970, 135.
[241] CAMPOBASSO, *L'imputazione*, cit., 341.
[242] Sobre este regime, cfr., por todos, RUI ATAÍDE, *Responsabilidade civil por violação de deveres no tráfego*, cit., 463 ss..
[243] Cfr. BGH 2-fev.-1996, *BGHZ*, 132, 30, BGH 15-abr.-1997, *NJW*, 1997, 1917. Cfr. tb. MICHAEL BOHRER, "Nr. 2 Wissenszurechnung bei Organen juristischer Personen", anotação ao acórdão do BGH de 8-dez.-1989, *DNotZ*, 1991, 122-131 (124 ss), SCHÜLER, *Die Wissenszurechnung im Konzern*, cit., 76, FASSBENDER, *Innerbetriebliches Wissen und bankrechtliche Aufklärungspflichten*, cit., 128, CAMPOBASSO, *L'imputazione*, cit., 340.

que o resultado líquido da divisão de trabalho se traduz num menor conhecimento efetivo[244].

Esta constatação releva na ponderação da correta dimensão do perigo fundamentador de soluções normativas.

V. Em quarto lugar, a perspetiva de que a atuação em organização (*l'agire organizzato*) beneficia apenas a sociedade corresponde a uma simplificação arbitrária de um problema bem mais complexo[245].

Desde logo, há prestações que só podem ser realizadas, para benefício de terceiros, através de uma determinada organização[246]. Para além disso, do ponto de vista macroeconómico, a existência de entes societários capazes de realizar o seu escopo da forma mais eficiente e competitiva representa uma vantagem para toda a coletividade[247].

VI. Em quinto lugar, não existe um sistema de tratamento da informação que possa assegurar o grau de difusão do conhecimento pressuposto pelo critério de imputação ilimitada do conhecimento, ou seja, uma organização em que toda a informação, independentemente da sua importância e da sua possível relevância para o futuro, esteja simultaneamente e na mesma medida presente em todos os sujeitos seus componentes[248].

Como bem sublinha CAMPOBASSO, um tal sistema de informação é impossível por razões tecnológicas, funcionais e jurídicas[249].

VII. Em sentido contrário, poderia objetar-se que a conclusão alcançada – de que a imputação de conhecimento às sociedades comerciais assenta, em regra, na existência do conhecimento na pessoa singular que atua por

---

[244] CAMPOBASSO, *L'imputazione*, cit., 340.
[245] BAUM, *Die Wissenszurechnung*, cit., 186, CAMPOBASSO, *L'imputazione*, cit., 342.
[246] Isso mesmo é reconhecido por CARNEIRO DA FRADA, *Contrato e deveres de protecção*, cit., 212, a propósito do art. 800.º CC, quando afirma que o credor confia mais na capacidade de o devedor se socorrer das pessoas idóneas à realização da prestação do que nas aptidões pessoais do devedor para a concretizar ele próprio.
[247] CAMPOBASSO, *L'imputazione*, cit., 342.
[248] TAUPITZ, "Wissenszurechnung nach englischem und deutschem Rechts", cit., 27.
[249] CAMPOBASSO, *L'imputazione*, cit., 342-343.

conta desta ou na *culpa de organização* – é incoerente com as coordenadas resultantes dos arts. 500.º e 800.º CC.

Com efeito, de acordo com a construção sustentada, a sociedade pode opor a terceiro o cumprimento do dever de organização interna para afastar a imputação do conhecimento.

Diferentemente, tanto no âmbito da responsabilidade *delitual* do comitente pelos atos dos comissários, como da responsabilidade *obrigacional* do devedor pelos atos dos seus representantes legais ou auxiliares, a imputação de responsabilidade ocorre mesmo que o comitente ou o devedor tenham efetivamente adotado a melhor organização possível: comitente e devedor respondem *objetivamente* pelos atos de outrem[250].

[250] Em todo o caso, recorde-se, deve entender-se que a solução normativa do art. 500.º CC não encontra suficiente fundamento geral nem no brocardo *ubi commoda, ibi incommoda*, nem numa pretensa imputação ao comitente do risco da comissão para bens alheios. Nem um, nem outra são conciliáveis com o nosso sistema de rigorosa tipificação das situações de responsabilidade pelo risco. Nos termos expostos por CARNEIRO DA FRADA, o art. 500.º visa apenas afastar do lesado o risco da insolvência do comissário e os inconvenientes de uma ação inútil contra o mesmo; «*o comitente garante ao lesante a indemnização*». MANUEL CARNEIRO DA FRADA, *Contrato e deveres de protecção*, cit., 206 ss..

Dando seguimento a posições com longo curso na doutrina, CARNEIRO DA FRADA (*op. cit.*, 207-208) critica a solução do art. 500.º, perante o seu tão amplo campo de aplicação. Porém, dentro deste, admite como «*plausível e convincente*» a ligação da responsabilidade do comitente ao "*risco da empresa*", na linha de PIETRO TRIMARCHI, *Rischio e responsabilità oggetiva*, 1961, 71:

«*A hierarquia e coordenação das actividades no seio da empresa justificaria a subordinação na relação de comissão; o risco típico da empresa forneceria um critério útil na delimitação da responsabilidade e, assim, na determinação dos danos praticados pelo comissário no exercício da função que lhe foi confiada*».

Noutra sede, em *Teoria da confiança e responsabilidade civil*, 2004, 278-279 (n. 260), CARNEIRO DA FRADA invoca o "risco da empresa" para justificar a imputação à pessoa coletiva da responsabilidade pelos atos dos seus órgãos, agentes, representantes ou mandatários.

Mais recentemente, porém, em "Dever de legalidade dos administradores e responsabilidade civil societária", in *IV Congresso Direito das Sociedades em Revista* (2016), 17-27 (26-27), o autor sustenta uma dogmática de responsabilidade das sociedades por delito próprio (e não por delito alheio), com possível fundamentação numa "culpa de organização". A *culpa in eligendo*, *in instruindo* e *in vigilando* poderia ser reforçada até com a inversão do ónus da prova da culpa ou da causalidade fundamentante. Porém, sublinha, a culpa de organização sempre exigiria uma especificação mínima do dever violado e da sua concreta infração por alguém. Não bastaria dizer que, surgindo danos na órbita da atividade da sociedade, esta responde por falta de uma organização adequada que os evitasse. E conclui:

«*Os prejuízos podem infelizmente ocorrer mesmo quando se tomaram todas as medidas adequadas para os prevenir. A susceptibilidade de exoneração da pessoa colectiva (ainda quando se lhes aplique, por exemplo, o art. 493 do CC) é, portanto, real*».

Perante isto, pergunta-se: suportará o sistema uma tal dissonância de soluções?

VIII. Se existisse equivalência material entre a *imputação de conhecimento* e a *imputação de danos*, ao abrigo dos arts. 500.º e 800.º CC, a solução normativa não poderia ser divergente. O sistema interno não suportaria um tratamento desigual de problemas materialmente equivalentes.

Sucede porém que, em rigor, tal equivalência não existe. Com efeito e sem prejuízo das críticas que se podem dirigir à aproximação dos regimes de responsabilidade civil e de imputação de conhecimento[251], a responsabilidade objetiva do comitente e do devedor pressupõe a prática de um *ato ilícito e culposo* pelo comissário ou pelo representante legal ou auxiliar[252].

Por isso mesmo, para CARNEIRO DA FRADA, seria necessário complementar esta via com uma outra, de imputação direta à sociedade dos atos praticados por pessoas afetas ao desenvolvimento da sua atividade, sem o filtro da "culpa de organização": responsabilidade por violação de deveres no tráfego ou pelo próprio círculo de vida, com desenvolvimento *praeter legem*, devidamente delimitado.

Voltando ao tema que ora nos ocupa: independentemente do que se possa sustentar em sede de *imputação de danos*, parece-nos que o "risco da empresa" não permite justificar a *imputação do conhecimento* às pessoas coletivas, como resulta do corpo do texto.

Para uma ponderação da questão – que nos foi colocada por CARNEIRO DA FRADA, na sequência da sua reflexão que expusemos em cima – sobre os termos em que pode ser imputado, a uma empresa farmacêutica muito cuidadosa, o conhecimento de um seu funcionário sobre o facto de um lote de plasma de sangue posto no mercado estar infetado com sida, veja-se o exposto adiante (p. 113 ss.) acerca do caso do derrame de produtos químicos.

[251] Atentos, desde logo, os diferentes efeitos dos institutos. CAMPOBASSO, *L'imputazione*, cit., 351. Entre nós, a propósito do art. 259.º CC, MARIA DE LURDES PEREIRA, "Os estados subjectivos", cit., 163 ss., sustenta que dos efeitos indemnizatórios que decorrem dos arts. 500.º e 800.º CC se devem distinguir as consequências negociais do comportamento para a atribuição das quais o art. 259.º estaria vocacionado.

[252] Nos termos do art. 500.º CC, a imputação do ato ilícito ao comitente está dependente de prévia imputação ao comissário; já segundo o art. 800.º CC, a conduta do auxiliar projeta-se na pessoa do devedor, sendo este responsável sempre que tal conduta, *pensada na sua pessoa*, preencha o *Tatbestand* de responsabilidade. Veja-se, *v.g.*: CARNEIRO DA FRADA, *Contrato e deveres de protecção*, cit., 209-211; "A responsabilidade objectiva por facto de outrem face à distinção entre responsabilidade obrigacional e aquiliana", *Direito e Justiça*, 12:2 (1998), 297--312. Diferentemente, FERNANDO PIRES DE LIMA e JOÃO DE MATOS ANTUNES VARELA, *Código civil anotado*, 2, 4.ª ed., 1997, art. 800.º, 56, sustentam que o devedor só responde se o facto for previamente imputável ao auxiliar. Se este não tiver culpa, o devedor só responde por culpa

Diferentemente, a falha de aquisição e/ou circulação de informação, inerentes à imputação do conhecimento, não pressupõem a prática de qualquer ato ilícito e culposo por parte do sujeito que atua por conta da sociedade no caso.

IX. Nos termos sustentados, o fundamento da imputação do conhecimento reside nos imperativos de proteção do tráfego e nos deveres de adequada organização dos fluxos de informação no seio da sociedade, com aqueles relacionados.

Pode portanto verificar-se, no caso, um ato ilícito: a violação de *deveres no tráfego*. Porém, estes deveres, *quando existam*, são imputáveis apenas à sociedade e só por esta são suscetíveis de violação, em modo coletivo, por falha na sua organização. Não são imputados aos seus agentes que, em cada caso, adquirem e/ou circulam a informação. A atuação destes pode ser censurável no âmbito das relações internas, estabelecidas no seio da sociedade, mas por princípio não se projetam na esfera de terceiros.

Estamos fora dos quadros próprios dos arts. 500.º e 800.º CC, assentes na responsabilidade objetiva por facto de outrem[253].

A diferença de critérios não traduz, portanto, qualquer desarmonia sistemática ou valorativa.

§ 14. Sequência

I. Com este enquadramento genérico, debrucemo-nos agora sobre um total de onze *grupos de casos* em que se discute a imputação de conhecimento.

Os grupos de casos são enunciados tendo em conta, sobretudo, a jurisprudência encontrada ao longo da investigação e *illustrations* do § 5.03 do *Restatement Third of Agency*.

---

própria *in elegendo, in instruendo*, etc. Também neste sentido, Pinto Monteiro, *Cláusulas limitativas...*, cit., 262-263.
[253] Neste sentido veja-se tb. Carneiro da Frada, "Dever de legalidade dos administradores", cit., 26 ss., cuja posição analisámos em detalhe na n. 250 *supra*.

Os grupos são os seguintes:

(i) O conhecimento adquirido pelos membros dos órgãos sociais, no exercício de funções;
(ii) O conhecimento adquirido por quem não integra os órgãos sociais;
(iii) O conhecimento adquirido fora do exercício das funções;
(iv) O conhecimento adquirido antes do exercício das funções;
(v) O conhecimento de um membro de órgão social coletivo;
(vi) O momento da imputação de conhecimento;
(vii) O esquecimento da informação;
(viii) Cessação de funções do agente;
(ix) A agregação de informação;
(x) Os deveres de confidencialidade e barreiras informativas (*chinese walls*); e
(xi) A *cognoscere non vele protestatio*.

II. Cada grupo de casos é ilustrado com uma ou mais hipóteses – muitas delas correspondentes a casos reais – em que se procura evidenciar um dos aspetos problemáticos do juízo de imputação.

Segue-se o «enquadramento e solução» do problema apresentado. Aí se procura testar e desenvolver, acentuando matizes consoante a densidade problemática do caso, o enquadramento geral da imputação de conhecimento como um problema de alocação do risco de organização.

O discurso é, em alguns passos, inevitavelmente circular. Mas o que se procura sobretudo é um *espiral* de conhecimento: em cada hipótese regressamos ao mesmo padrão argumentativo de base, mas descobrindo ou desenvolvendo matizes particulares que não se encontram presente – ao menos com tal intensidade – noutro grupo de casos estudado.

Pretende-se que tal estrutura de exposição facilite a consulta pontual do leitor confrontado com específicas questões emergentes da *praxis*.

V.
GRUPOS DE CASOS

§ 15. O conhecimento adquirido pelos membros dos órgãos sociais no exercício de funções

1. O caso das máquinas *overlock*

I. Comecemos por ponderar a situação de imputação mais básica e regular: a do conhecimento adquirido pelos membros dos órgãos sociais[254] no exercício das suas funções.

Suponhamos que a sociedade *P* vendeu a *X* um lote de máquinas industriais de costura *overlock*, destinadas a equipar uma fábrica de confeção de vestuário. Aquando da celebração do contrato, *A*, gerente da sociedade *P*, assegurou ao comprador *X* que as máquinas só tinham sido utilizadas em demonstrações de equipamento junto de potenciais clientes.

Tal informação era falsa: o lote de máquinas em causa tinha já integrado uma unidade industrial em produção, como *A* bem sabia.

Em ação movida contra *P*, *X* veio invocar a invalidade do negócio, alegando dolo da sociedade[255].

---

[254] Sobre o conceito de órgãos sociais, cfr. n. 87 *supra*.
[255] Caso inspirado na *illustration* 15 do § 5.03 do *Restatement Third of Agency*.

II. Afirmar que a sociedade «induziu ou manteve em erro o autor da declaração» (art. 253.º/1 CC) exige que se sustente que a sociedade *P* sabia que o lote de máquinas vendido tinha integrado uma unidade industrial em produção e que, por isso, a sua utilização não se tinha circunscrito a demonstrações de equipamento junto de eventuais compradores.

O conhecimento em causa corresponde a um estado psicológico (ou estado subjetivo) de *A*, gerente da sociedade. Importa saber em que medida, e com que fundamento, o estado psicológico do gerente (o que que ele conhece ou ignora) pode ser imputado à própria sociedade.

2. Enquadramento e solução

I. Na ponderação deste caso, poderíamos ser tentados a dizer simplesmente que sendo *A* gerente da sociedade *P*, tudo o que o mesmo conhece é conhecimento da própria sociedade, mercê dos nexos de representação orgânica.

A sociedade *P* teria, assim, induzido *X* em erro, porquanto conhecia a falsidade do que havia sido assegurado pelo autor da declaração, no momento da celebração do contrato.

Uma tal afirmação, quase intuitiva, seria sustentada na nossa já conhecida *absolute Wissentheorie*[256], que, como vimos, se tem hoje por ultrapassada, tal como ultrapassada está, nos sistemas anglo-saxónicos, a *directing mind and will doctrine*, assente na identificação da sociedade com determinada(s) pessoa(s) singular(es).

Recorde-se a proximidade entre a *legal fiction* anglo-saxónica – que equiparava o *agent* ao *principal* em razão da identidade – e a *neue Fiktion*, de que foi acusada a construção de von Gierke pela dogmática continental[257].

II. No espaço germânico, como vimos, a crítica ao organicismo de von Gierke levou a jurisprudência a caldear o discurso, afastando-se da

---

[256] *Supra* p. 59 ss.
[257] Diogo Costa Gonçalves, *Pessoa coletiva e sociedades comerciais*, cit., 295

Organtheorie e reconduzindo a imputação de conhecimento ao quadros dogmáticos gerais da representação (voluntária)[258].

Tal aproximação foi fundamentada na qualificação do *Vorstand* como representante legal da associação, nos termos do § 26 (1) BGB, o que permitiu a aplicação do critério previsto no § 166 (1) BGB[259].

Entre nós, esta construção não conhece um exato paralelo. Não obstante, o art. 164.º/1 CC remete para as regras do mandato, quanto à definição do quadro normativo aplicável aos titulares dos órgãos da pessoa coletiva, abrangendo o art. 1178.º CC e, por tal via, a aplicação das regras da representação voluntária.

A nossa jurisprudência, à míngua de melhor solução normativa, tem aplicado com frequência regras da representação voluntária às sociedades comerciais[260].

Por esta via, e em particular com base no art. 259.º/1 CC[261], poderíamos também concluir, no caso das máquinas *overlock*, que é na pessoa de A,

---

[258] A tal movimento não foi alheio um certo entendimento do *Gleichstellungsargument*: aqueles que contratam com pessoas coletivas não podem encontrar-se numa situação menos vantajosa do que se contratassem com pessoas singulares.
Este mesmo argumento, com outros matizes, pode ser encontrado na jurisprudência anglo-saxónica: o *principal* não pode pretender colocar-se numa situação mais vantajosa do que aquela que resultaria se não tivesse recorrido a um *agent*.

[259] *Supra* p. 64-65.

[260] Veja-se, por exemplo, a aplicação do art. 261.º CC aos negócios celebrados entre os gerentes e a sociedade por quotas, atenta a colocação sistemática do art. 397.º CSC no Título IV, relativo às sociedades anónimas. Com desenvolvimento, JOSÉ FERREIRA GOMES, *Da administração à fiscalização das sociedades*, cit., 356 ss., 362 ss., 369 ss. (em especial, n. 1277), DIOGO COSTA GONÇALVES, "O governo das sociedades por quotas: Breves reflexões sobre a celebração de negócios entre o gerente e a sociedade", in AA.VV., *O governo das organizações: A vocação universal do corporate governance*, 2011, 95-123, JORGE COUTINHO DE ABREU, *Responsabilidade civil dos administradores*, 2.ª ed., 2010, 28 (n. 46), "Negócios entre sociedade e partes relacionadas (administradores, sócios) – sumário às vezes desenvolvido", *DSR*, 5:9 (2013), 13-25, RAÚL VENTURA, *Sociedades por quotas*, 3, 1991, 176-177, ILÍDIO DUARTE RODRIGUES, *A administração das sociedades por quotas e anónimas*, 1990, 195-196.
ALEXANDRE SOVERAL MARTINS, *Os poderes de representação dos administradores de sociedades anónimas*, 1998, 272-277, por seu turno, aplica até o art. 261.º CC aos casos de dupla representação de administradores de sociedades anónimas.

[261] Segundo o qual «*é na pessoa do representante que deve verificar-se, para efeitos de nulidade ou anulabilidade da declaração, a falta ou vício da vontade, bem como o conhecimento ou ignorância dos factos que podem influir nos efeitos do negócio*». O preceito é semelhante ao § 166 (1) BGB.

representante de P, que devem verificar-se os estados de conhecimento ou ignorância. A imputação do conhecimento teria por base o estado subjetivo de conhecimento de A, seu gerente, já não como decorrência lógico-jurídica da *Organtheorie*, mas como uma exigência normativa do próprio fenómeno representativo.

III. Em todo o caso, como tivemos oportunidade de expor, estas linhas de fundamentação encontram-se hoje superadas pela teoria do risco de organização que, como veremos, lançará luz sobre todos os casos que irão ser abordados.

A imputação funda-se não no nexo de organicidade ou outra posição semelhante, mas em imperativos de segurança no tráfego e nos deveres de adequada organização da comunicação interna da sociedade, com aqueles relacionados[262].

Com este fundamento, o conhecimento de A seria tido como conhecimento de P. Este seria um caso de responsabilidade da sociedade pelo conhecimento daquele que atua em seu nome, cujo risco deve suportar[263].

§ 16. O conhecimento adquirido por quem não integra os órgãos sociais

1. O caso dos restaurantes de *fast food*

I. Nem sempre aquele cujo estado psicológico é relevante para efeitos de imputação de conhecimento à sociedade é o mesmo que a vincula no

---

Recorda-se aqui a crítica certeira de Maria de Lurdes Pereira, "Os estados subjectivos", cit., 154, à redação do art. 259.º CC: o que pode influir nos efeitos do negócio jurídico não são os factos em si, mas o conhecimento ou desconhecimento dos mesmos.
[262] *BGHZ*, 132, 30 (37). Cfr. Raiser, "Kenntnis und Kennenmüssen von Unternehmen", cit., 563-564. Cfr. tb. a síntese de Fleischer, in *Komm. zum AktG*³, § 78, n.º 54
[263] Jochen Taupitz, "Anmerkung", cit., 736.

negócio em causa, como vimos suceder no caso das máquinas *overlock*. Muitas vezes, tal sujeito nem sequer integra qualquer órgão social[264].

Esta dissociação está presente em vários grupos de casos, com intensidades problemáticas diversas. Nesta hipótese, interessa-nos apenas atender aos fundamentos da imputação, na ausência expressa de vínculos de organicidade.

II. Vejamos este exemplo: a sociedade *P* explora uma cadeia de restaurantes de *fast-food*. A negociação e compra de alimentos é gerida por *A*, funcionário da sociedade com atribuições específicas para o efeito.

A encetou negociações com *B*, um comercial da sociedade *X*, produtora de aves, tendo em vista a aquisição de uma grande quantidade de frangos. Durante as negociações, *A* quis certificar-se de qual o entendimento de *X* quanto ao significado de "frangos". *B* esclareceu que, por frangos, a sociedade *X* entendia aves com 6 a 8 semanas, e com cerca de 1,5 kg de peso (*broilers or fryers*).

Em execução do contrato, *X* entregou a *P* a quantidade solicitada de aves, desta sorte galináceos com cerca de 10 semanas de criação e um peso a rondar os 2 a 3 kg (*stewing chicken*). *P* recusou a prestação, sustentando que o sentido prevalecente de "frangos" era aquele que havia sido transmitido por *B*, comercial da produtora de aves *X*[265].

III. Neste caso, em questão está a determinação de qual o sentido juridicamente vinculante das declarações negociais emitidas, uma vez que a eventual aplicação do regime do incumprimento depende da determinação do sentido normativo do título contratual em presença.

Antes da conclusão do contrato, *A*, funcionário da sociedade compradora *P*, solicitou o esclarecimento acerca do entendimento da produtora de aves sobre o objeto do negócio. Foi-lhe garantido por *B*, comercial de *X* que o sentido atribuído a "frango" era o mesmo para ambos os contraentes. Abreviando, dir-se-ia que, quer o comercial da produtora de aves, quer o funcionário da compradora, conheciam a vontade real dos declarantes

---

[264] Sobre o conceito de órgãos sociais, cfr. n. 87 *supra*.
[265] Caso inspirado na *illustration* 14 do § 5.03 do *Restatement Third of Agency*.

(tomando aqui por vontade real o que cada um dos funcionários entendia por "frango", para efeitos daquele contrato).

Resta saber em que medida o conhecimento da vontade real daqueles sujeitos em concreto é imputável às sociedades em causa, de tal sorte que P possa opor a X o sentido contratual que sustenta o incumprimento.

2. Enquadramento e solução

I. O caso dos restaurantes de *fast-food* coloca em evidência uma das insuficiências dogmáticas da representação (orgânica ou voluntária), como critério de imputação de conhecimento.

Com efeito, o recurso ao fenómeno representativo pressupõe, naturalmente, a existência de representação. Foi o que vimos suceder no caso das máquinas *overlock*: A, porque gerente da sociedade, representa P.

Sucede, porém, que no caso dos restaurantes de *fast-food* tal não acontece. Nem A, empregado de P, nem B, comercial da produtora de aves (X), integram a administração das sociedades em causa. Tão pouco receberam poderes de representação. Pode, aliás, assumir-se que o contrato em causa – negociado por A e B – foi outorgado pelos administradores das respetivas sociedades ou por alguém com poderes para o ato, nos termos gerais.

Em que medida o estado psicológico de tais sujeitos releva para efeitos de imputação de conhecimento às respetivas sociedades se não existe, em rigor, representação?

II. No espaço germânico, a resposta implicou o abandono da *Organtheorie*, mas não deixou de ser procurada, como vimos, dentro ainda do fenómeno representativo, através da figura do representante do conhecimento (*Wissensvertreter*)[266].

O critério normativo previsto no § 166 aplicar-se-ia, portanto, não apenas a situações de representação em sentido próprio (*rechtsgeschäftliche*

---

[266] *Supra* p. 64 ss.

Vertretung), mas também a situações de representação de conhecimento (*Wissensvertretung*).

O representante do conhecimento não é necessariamente aquele que vincula as sociedades. É antes aquele que, vinculando ou não a pessoa coletiva, surge, na «*organização de trabalho do dono do negócio*»[267], como devendo conhecer certa informação relevante e desencadear os procedimentos adequados para reagir em face de um determinado estado de coisas[268].

III. No caso dos restaurantes *de fast-food* é fácil identificar em A e B alguém que, à luz da concreta organização da atividade económica das respetivas sociedades, surge como representante do conhecimento; isto é: alguém cujo estado subjetivo é normativamente relevante para efeitos de imputação de conhecimento.

A sociedade P podia, portanto, opor a X o sentido contratual que sustenta o incumprimento. Fá-lo-ia, eventualmente, invocando um concreto critério de interpretação dos negócios jurídicos: o conhecimento da vontade real do declarante (art. 236.º/2 CC), imputando, para estes efeitos, à sociedade X, o estado subjetivo do seu representante de conhecimento.

Em todo o caso, como dissemos a propósito do caso das máquinas *overlock*, esta linha de argumentação encontra-se hoje superada. Prevalece a imputação com fundamento no risco de organização (*Organisationsrisiko*). À sociedade cabe organizar-se de forma a assegurar adequados fluxos internos de informação. Não o fazendo, suporta os riscos do desconhecimento dos factos.

IV. A mesma solução seria alcançável no mundo anglo-saxónico. Se os sujeitos em causa tivessem *authority,* sendo qualificáveis como *agents* das respetivas sociedades, seriam aplicáveis as *general rules of attribution*[269].

Não tendo, seriam aplicáveis as *special rules of attribution*, assentes numa interpretação evolutiva da *directing mind and will doctrine*, segundo a qual

---

[267] JÜRGEN ELLENBERGER, in *Palandt BGB*, 75.ª ed., 2016, § 166, 6.
[268] Com referências, PRÖLSS, "Wissenszurechnung im Zivilrecht" cit., 233-234.
[269] *Supra* p. 35 ss.

a *directing mind and will* da sociedade pode ser encontrada em diferentes pessoas para diferentes atividades da sociedade.

De acordo com o sentido atual dessas regras, deve imputar-se à sociedade o conhecimento do sujeito que tem o poder para atuar no sentido do cumprimento da norma em causa (*functional approach*)[270].

Como ensinam PETER WATTS e FRANCIS REYNOLDS[271]:

> «*It has been held that the "directing mind" need not (as earlier cases had suggested) be a person with general management an control: it may be necessary only to identify the person who had management and control in relation to the act or omission in point*».

V. Em suma: nem a *A* nem a *B* fora confiado o *general management and control* da sociedade, não ficando sujeitos às *primary rules of attribution*. Porém, se tivessem *authority* (sendo qualificáveis como *agents*), ficariam sujeitos às *general rules of attribution*[272].

Mesmo que não tivessem tal *authority*, eles surgem como pessoas cujo conhecimento é relevante, tendo em conta aquele concreto negócio jurídico[273]. Valem portanto as referidas *special rules of attribution*.

---

[270] *Supra* p. 54-57.
[271] WATTS e REYNOLDS, *Bowstead and Reynolds on Agency*[20], cit., 554.
[272] Recordamos que o caso aqui apresentado traduz uma adaptação da *illustration* 14 do § 5.03 do *Restatement Third of Agency*, na qual os sujeitos em causa são apresentados como agentes, sendo o seu conhecimento imputado à sociedade. De um lado temos um *food broker*, a quem cabia comprar frangos em nome do seu cliente; do outro o *vice-president* da sociedade produtora de frangos.
[273] O caso britânico *Meridian Global Funds Management Asia Ltd. Appellant v Securities Commission Respondent*, de 1995, é um exemplo paradigmático deste entendimento. Pese embora o tribunal estribar a sua decisão na interpretação das *primary rules of attribution*, a conclusão é clara: «*In any proceedings under this Part of this Act, it shall be presumed in the absence of proof to the contrary, that a person knew, at a material time, of the existence of a relevant interest in voting securities in a public issuer or of a fact or matter concerning the existence of a relevant interest in the securities if, at that time, an employee or agent of that person knew in his or her capacity as employee or agent of the existence of the relevant interest or of a fact or matter concerning the existence of it.*» [1995] 2 A.C. 500, 512.

VI. Estes paralelos conferem mais segurança à solução por nós propugnada: a imputação dos estados subjetivos de *A* e *B* às respetivas sociedades redunda num caso de alocação do risco da fragmentação da informação à pessoa coletiva em causa.

Os casos do derrame de produtos químicos, analisados em seguida, permite, todavia, uma melhor ilustração desta orientação dogmática. A solução aí alcançada aproveita ao caso dos restaurantes de *fast-food*, sem especificidades assinaláveis.

§ 17. O conhecimento adquirido fora do exercício de funções

1. Os casos do derrame de produtos químicos

I. Os dois grupos de casos anteriores foram introdutórios. Permitiram-nos explorar um quadro geral de imputação marcado pela *(i)* tendencial irrelevância da existência ou não de vínculos de organicidade e pela *(ii)* recondução da imputação a um problema de alocação de risco de organização.

Incorporemos agora os dados dos casos anteriores num conjunto de hipóteses[274] que, para além de confirmarem as considerações já tecidas, nos permitem ponderar novas especificidades do problema da imputação de conhecimento .

II. A sociedade *P* produz materiais de construção, usando inúmeros químicos nos seus processos de produção. De acordo com a lei aplicável, *P* deve dar destino aos químicos usados de forma a não prejudicar o meio-ambiente e deve investigar e corrigir prontamente quaisquer derrames de químicos.

Caso n.º 1: *A*, administrador de *P*, numa visita à fábrica apercebe-se de um tubo que derrama químicos na proximidade de um ribeiro, mas não comunica o facto aos seus colegas no conselho de administração.

---

[274] Os casos n.ᵒˢ 2 a 4 são apresentados no § 5.03 do *Restatement Third of Agency* como *illustrations* 5 a 7. Acrescentámos o caso n.º 1 para permitir a análise crítica da imputação do conhecimento obtido pelos membros dos órgãos sociais.

Caso n.º 2: Numa conversa num evento social, um amigo de *A* confidencia-lhe a existência do derrame. Novamente, *A* não comunica o facto aos seus colegas no conselho de administração.

Caso n.º 3: *P* contrata *B*, engenheiro ambiental, para vigiar as suas instalações, devendo comunicar as suas conclusões a *S*, seu superior hierárquico na sociedade *P*. Numa ronda de inspeção, *B* analisa o tubo que derrama químicos na proximidade de um ribeiro, mas não comunica o facto nem a *S*, nem a qualquer outro agente de *P*.

Caso n.º 4: Em causa está a mesma factualidade relevante. *P*, contudo, permite aos seus funcionários o uso de determinadas instalações para atividades de lazer, como *hiking*, por exemplo. É no contexto destas atividades que *B* observa o derrame.

Caso n.º 5: Assenta nos mesmos factos, mas o derrame é detetado por *C* (e não por *A* ou *B*), que é funcionário no departamento de contabilidade.

III. Estes cinco casos resumem-se à questão de saber se a imputação depende do conhecimento ter sido obtido pelo agente *no âmbito* e *no exercício* das suas funções ou não.

Perante uma norma que sanciona a sociedade por não ter atuado perante o *conhecimento* de um derrame de produtos químicos, pretende saber-se em que medida o conhecimento, enquanto estado psicológico do sujeito em causa (gerente, engenheiro ambiental, contabilista...), pode ser imputado à sociedade para efeitos do preenchimento da previsão dessa norma legal e aplicação da correspondente estatuição.

2. Enquadramento e solução

I. Os casos apresentados assentam propositadamente na distinção entre os tipos de vínculos que unem o sujeito (pessoa singular) que conhece (estado psicológico) à sociedade *P*.

Essa distinção permite, uma vez mais, testar os limites da fundamentação historicamente apresentada para a imputação de conhecimento às pessoas coletivas aquém e além Atlântico.

Recorde-se que a partir do espaço germânico se difundiu a teoria da *absolute Wissentheorie*[275] e que nos sistemas anglo-saxónicos se afirmou a *directing mind and will doctrine*[276], ambas centradas na identificação entre a pessoa coletiva e os seus órgãos, de tal forma que o conhecimento destes era necessária e automaticamente imputado àquela.

Perante a *absolute Wissentheorie*, o conhecimento de cada membro de um órgão social, individualmente considerado, seria imputado à pessoa coletiva[277]; de acordo com a *directing mind and will doctrine*, seria imputado o conhecimento de qualquer administrador que pudesse ser qualificado como *alter ego* da sociedade.

Vimos já as insuficiências destas construções e a evolução operada para as superar: por um lado, restringindo, em determinadas circunstâncias o conhecimento dos órgãos imputável à pessoa coletiva; por outro, fundamentando a imputação do conhecimento a representantes (não orgânicos) da mesma e, em determinados casos, até a outros auxiliares sem poderes de representação.

II. Com a evolução de uma conceção absoluta para uma conceção relativa da imputação de conhecimento (*von der absoluten zur relativen Wissenszurechnung*[278]), o seu fundamento deixou de residir no nexo de organicidade ou outra posição semelhante, para passar a encontrar-se nos imperativos de proteção do tráfego e nos deveres de adequada organização da comunicação interna da sociedade, com aqueles relacionados[279].

Deixou portanto de ser uma necessária inferência lógico-conceptual da posição do sujeito, para passar a consistir numa ponderação axiológica

---

[275] *Supra* p. 59 ss.
[276] *Supra* p. 50 ss.
[277] Cfr., *v.g.*, a decisão do BGH de 6-abr.-2004, *WM* 1959, 81 (84) ou *BGHZ* 41, 282 (287). MARKUS GEHRLEIN, "Zur Haftung der juristischen Person", cit., 215 ss. Cfr. tb. a síntese de FLEISCHER, in *Komm. zum AktG*³, § 78, n.º 54.
[278] PETRA BUCK, *Wissen und juristische Person*, cit., 221 ss.
[279] BGH 2-fev.-1996, *BGHZ*, 132, 30 (37). Cfr. THOMAS RAISER, "Kenntnis und Kennenmüssen von Unternehmen", cit., 563-564. Cfr. tb. a síntese de FLEISCHER, in *Komm. zum AktG*³, § 78, n.º 54.

de distribuição de risco entre a sociedade e a sua contraparte (ou demais esferas jurídicas envolvidas)[280].

III. A sociedade deve organizar-se internamente, de forma adequada (*dever de adequada organização*), para assegurar que a informação obtida por um qualquer ator social (membro de um órgão[281], trabalhador ou colaborador) é colocada à disposição daquele que é chamado a cumprir a norma em causa.

O risco de organização (*Organisationsrisiko*), concretizado num risco de inadequado tratamento interno da informação, corre por conta da sociedade, de tal forma que o conhecimento lhe é imputado quando a *organização*[282] dispunha da informação relevante e, através da adoção de práticas adequadas de tratamento dos dados, poderia tê-la colocado à disposição daquele que é chamado ao cumprimento.

Assumimos então como fundamento da imputação a *teoria do risco de organização*, de acordo com a qual aquele que, para desenvolvimento da sua atividade, divide tarefas (e delega poderes para o efeito), deve suportar os correspondentes riscos de organização.

IV. Tendo em conta o que vai dito, cumpre saber se o conhecimento obtido pelo ator social *fora do exercício das suas funções* – que concretizam já elas a adoção de uma concreta estrutura organizativa pela sociedade –

---

[280] Assim na jurisprudência alemã desde o acórdão BGH 8-dez.-1989, *BGHZ* 109, 327, 331. Cfr. também BGH 2-fev.-1996, *BGHZ*, 132, 30 (35). Sobre estes acórdãos, cfr., entre tantos outros, Gehrlein, "Zur Haftung...", cit., 215, Raiser, "Kenntnis und Kennenmüssen...", cit., 564-565, Mathias Habersack e Max Foerster, in *AktG Großkommentar*[5], § 78, n.ºs 39 ss., e, sinteticamente, Michael Kort, in *AktG Großkommentar*[5], § 76, n.º 203.

[281] De acordo com a doutrina dominante no sistema alemão, os deveres de organização relacionados com a informação relevam não apenas para efeito da imputação infra-orgânica, mas também para efeitos da imputação ao nível dos órgãos sociais. Wolfgang Zöllner e Ulrich Noack, in Adolf Baumbach e Alfred Hueck, *GmbHG*, 21.ª ed., 2017, § 35, n.º 150, Habersack e Foerster, in *AktG Großkommentar*[5], § 78, n.º 39.

[282] Vimos já que a informação pode existir enquanto estado psicológico de um ator social (membro de um órgão, trabalhador ou colaborador...) ou em suporte documental, entendendo aqui documento no sentido amplo prescrito pelo art. 362.º CC e, nessa medida, cobrindo qualquer forma de arquivo físico ou digital da informação.

é ou não imputável à sociedade. A jurisprudência alemã não é uniforme, dando origem a três correntes doutrinárias.

A doutrina dominante favorece uma imputação geral, sem distinguir entre o conhecimento adquirido no exercício de funções e fora das mesmas[283]. Uma segunda corrente sustenta que a imputação do conhecimento adquirido "em privado" depende da existência de um dever de o disponibilizar "oficialmente". Uma terceira e última corrente, recusa em geral a imputação do conhecimento adquirido à margem do exercício de funções[284].

V. Em geral entende-se que a imputação do *saber privado*[285] do ator social dependeria da sua posição perante o ato societário em que tal conhecimento assume relevância: se o sujeito intervém nesse ato, fá-lo (ou deve fazê-lo) consciente de toda a informação que tem disponível, independentemente de a ter recebido no exercício das suas funções ou fora do mesmo; diferentemente, se o sujeito não intervém no ato, não relevaria o conhecimento que adquiriu em privado[286].

Esta distinção, porém, não é inteiramente satisfatória. A primeira proposição não oferece dúvidas: naturalmente, se o sujeito intervém no ato relevante para a sociedade, não é admissível o "esquecimento" do seu saber privado.

A segunda proposição, porém, suscita sérias dúvidas: se a informação obtida em privado pelo sujeito era relevante para o exercício das suas funções ou para o cumprimento dos seus deveres[287], deverá questionar-se se o mesmo deveria ter assegurado o seu fluxo interno, em benefício da sociedade.

Por um lado, está em causa o dever de comunicação da informação pelo sujeito; por outro, o dever da sociedade de se organizar internamente de

---

[283] O que já foi entre nós denominado «*saber privado*»: MARIA DE LURDES PEREIRA, "*Os estados subjectivos*", cit., 175-176.
[284] Cfr. FLEISCHER, *Komm. zum AktG*³, § 78, n.º 56
[285] Novamente: termo usado por MARIA DE LURDES PEREIRA, "*Os estados subjectivos*", cit., 175-176.
[286] Cfr., a propósito do conhecimento privado dos administradores, FLEISCHER, *Komm. zum AktG*³, § 78, n.º 56.
[287] Nos termos sustentados pela jurisprudência norte-americana, como veremos em seguida.

forma a assegurar o fluxo interno de todas as informações relevantes para a sua atividade, obtidas pelos seus administradores e colaboradores *no exercício das suas funções ou fora destas*[288].

VI. Esta solução vale também, com as necessárias adaptações, para os casos em que a informação relevante foi obtida *antes do início das funções*, como veremos adiante a propósito do esquecimento da informação[289].

A bondade desta solução é confirmada pelos desenvolvimentos operados pelos tribunais norte-americanos, sintetizados no § 5.03 do *Restatement Third of Agency*[290], segundo o qual «*[a]n agent brings the totality of relevant information that the agent then knows to the relationship with a particular principal*»[291].

De acordo com esta regra geral, independentemente das circunstâncias em que o agente conhece ou deve conhecer um determinado facto, o conhecimento é imputado ao principal, na medida em que seja relevante para as funções do agente.

O que é determinante é se o agente conhece os factos relevantes (e não a forma como adquiriu conhecimento dos mesmos) e se está obrigado à sua comunicação ao principal.

---

[288] Vale aqui o paralelo sistemático com a "doutrina das oportunidades societárias" (*corporate opportunities doctrine; gesellschaftsrechtlichen Geschäftschancenlehre*): o administrador não pode aproveitar em benefício próprio uma oportunidade de negócio de que teve conhecimento fora do exercício de funções. Neste sentido, *vide* a decisão do BGH de 23-set.-1985, *NJW*, 1986, 585. Para uma análise crítica desta decisão, cfr., *v.g.*, HOLGER FLEISCHER, "Gelöste und ungelöste Probleme der gesellschaftsrechtlichen Geschäftschancenlehre", *NZG*, 2003, 985-992 (988-989).

[289] *Infra* p. 135 ss.

[290] Recorde-se que, nestes sistemas, a resposta aos casos apresentados depende do prévio enquadramento dos mesmos nas regras gerais da agência, apresentadas no § 4 (p. 35 ss.) como *general rules of attribution*, ou nas regras específicas das sociedades comerciais, analisadas no § 5 (p. 44 ss.) como *primary rules of attribution*.
Estas últimas não relevam para o presente caso: os poderes de administração, incluindo a representação da sociedade, são por regra atribuídos ao conselho de administração, pelo que só o conhecimento deste, enquanto órgão coletivo, é imputável à sociedade. Na medida em que os administradores individualmente considerados não representem e não tenham poderes para vincular a sociedade, o conhecimento por estes adquiridos não é imputável à sociedade, salvo se comunicado aos demais administradores. Porém, na medida em que o administrador seja também um *officer of the company*, será qualificado como agente, ficando então sujeito às *general rules of attribution*.

[291] Cfr. anot. *e* ao § 5.03 do *Restatement Third of Agency*.

Contra essa comunicação poderá ser invocada uma obrigação de confidencialidade, a qual opera como causa de exclusão da ilicitude[292] perante o incumprimento do dever de comunicação ao principal[293].

VII. Temos, portanto, como critério para a imputação, o âmbito das funções exercidas pelo agente, no qual se desenvolve o dever de comunicação dos factos relevantes ao principal[294], e não se o conhecimento foi obtido no exercício de funções ou fora dele.

Esta perspetiva encontra raízes em jurisprudência desenvolvida no século XIX, segundo a qual, não obstante o conhecimento ser obtido fora do exercício das funções, *na medida em que o mesmo esteja presente na mente do agente no exercício das suas funções*, não pode deixar de ser imputado ao principal[295].

---

[292] *Supra* p. 94 ss. sobre o bloqueio da imputação de conhecimento à sociedade comercial perante deveres de confidencialidade.

[293] O dever de comunicação de informação pelo agente ao principal, central na relação de agência, determina o alcance da imputação. Nos casos em que não exista um dever de comunicação ao principal, não há lugar a imputação. Cfr., *v.g.*, *Imperial Fin. Corp. v. Finance Factors, Ltd.*, 490 P.2d 662, 664 (Haw. 1971).

[294] Cfr. § 8.11 *Restatement Third of Agency*, no qual se pode ler:
«*An agent has a duty to use reasonable effort to provide the principal with facts that the agent knows, has reason to know, or should know when*
(1) subject to any manifestation by the principal, the agent knows or has reason to know that the principal would wish to have the facts or the facts are material to the agent's duties to the principal; and
(2) the facts can be provided to the principal without violating a superior duty owed by the agent to another person».

[295] DANIEL S. KLEINBERGER, "Guilty knowledge", *William Mitchell Law Review*, 22 (1996), 953-983 (966-968), citado pelo relator do § 5.03 do *Restatement Third of Agency*, refere jurisprudência do *Supreme Court of Minnesota*:
Em *Lebanon Savings Bank v. Hallenbeck*, 29 Minn. 322, 13 N.W. 145 (1882) pode ler-se:
«*Knowledge of an agent acquired previous to the agency, but appearing to be actually present in his mind during the agency and while acting for his principal in the particular transaction or matter, will, as respects such transactions or matter, be deemed notice to his principal, and will bind him as fully as if originally acquired by him (...) This rule, (...) if carefully applied is deemed a salutary one, and calculated to promote justice and fair dealing*».
Em *Wilson v. Minnesota Farmers' Mutual Fire Insurance Ass'n*, 36 Minn. 112, 30 N.W. 401 (1886):
«*If the agent, although not acting as such when the information was communicated to him, retained a recollection of the fact, and had it in mind when effecting this insurance, such knowledge would affect the principal*».

VIII. A sociedade é livre de se organizar internamente como entender mais adequado para o desenvolvimento da sua atividade, beneficiando da correspondente divisão de tarefas. Porém, no verso da medalha, deve a mesma, e não qualquer terceiro, suportar o risco inerente à seleção do agente e ao cumprimento do seu dever de comunicação[296].

Deve por isso *organizar-se adequadamente* para conformar a conduta do agente, assegurando o cumprimento dos seus deveres[297].

A imputação cria incentivos para que o principal seja diligente na escolha dos seus agentes e na delegação de funções aos mesmos, bem como na criação de procedimentos para a comunicação de factos relevantes. Por outro lado, desencoraja práticas que isolem o principal (e outros coagentes) relativamente aos factos conhecidos pelo agente[298].

IX. Voltemos às hipóteses levantadas.

O conhecimento adquirido por *A* (administrador) ou por *B* (engenheiro contratado para vigiar as instalações) é imputado a *P*, independentemente das circunstâncias em que foi obtido: no exercício de funções (casos 1 e 3) ou fora do exercício das mesmas (casos 2 e 4).

E em *Trentor v. Pothen*, 46 Minn. 298, 49 N.W. 129 (1891):
> «*In accordance with a clear preponderance of authority, we have held that knowledge of an agent acquired previous to the agency, but appearing to be actually present in his mind during the agency, and while acting for his principal in the particular transaction or matter, will, as respects such transaction or matter, be deemed notice to the principal*».

Esta linha de construção manteve-se nas décadas subsequentes, como se pode ver em *Haines v. Starkey*, 82 Minn. 230, 84 N.W. 910 (1901), e *State Bank of Morton v. Adams*, 142 Minn. 63, 170 N.W. 925 (1919), neste concluindo:
> «*the fact is it is impossible to distinguish between the knowledge which a bank president possesses as an officer and as an individual, and the very tangible and workable rule has been established in this state that a bank is chargeable with knowledge possessed by its active officer pertaining to transactions within the scope of the bank›s business, even though such knowledge is acquired in another transaction, if it appears that the knowledge is actually present in his mind while he is acting for the bank*».

Mais recentemente, o *Court of Appeals of Minnesota*, em *Weaver Bros. v. Ohio Farmers Insurance Co.*, 1988 WL 24835 (Minn. Ct. App. Mar. 22, 1988), manteve a construção tradicional:
> «*knowledge of an agent acquired prior to the existence of the agency may be chargeable to the principal if it is clearly shown that the agent, while acting for the principal in a transaction to which the information is material, has the information present in his mind (...) at the time of the transaction in question*».

[296] KLEINBERGER, "Guilty knowledge", cit., 972-973.
[297] *Restatement Third of Agency*, anot. b.
[298] *Restatement Third of Agency*, anot. b.

Isto na medida em que tal conhecimento é relevante para o cumprimento dos deveres de *A* e *B*, respetivamente, perante *P*. A obrigação de diligente administração da sociedade, imputada a *A* compreende um dever específico de legalidade[299]. Detetado um facto suscetível de ser enquadrado como um ilícito da sociedade, deve *A* promover internamente as medidas adequadas ao restabelecimento da legalidade. *B*, por seu turno, foi contratado precisamente para assegurar o cumprimento dos requisitos legais em causa pela sociedade. Vale por isso a mesma conclusão.

Diferentemente, o conhecimento de *C*, contabilista, não é imputável a *P*, porquanto os seus deveres não incluíam a verificação do cumprimento dos referidos requisitos legais relativos à disposição dos químicos usados.

X. Esta construção, que permite a imputação de conhecimento adquirido *fora do exercício de funções*, seguida pelos tribunais norte-americanos e firmada no *Restatement Third*, é posta em causa no Reino Unido.

---

[299] Neste sentido, cfr. MANUEL CARNEIRO DA FRADA, "O dever de legalidade: um novo (e não escrito) dever fundamental dos administradores", *DSR*, 8 (2012), 65-74, e, mais recentemente, "Dever de legalidade dos administradores", cit., 19-20, na parte em que afirma que:

«*[O]s administradores são reflexamente atingidos pelas adstrições e proibições que impendem sobre a pessoa colectiva, posto que hão-de garantir e promover a legalidade de comportamento das pessoas colectivas.*

Assegurar o cumprimento da lei por parte da pessoa colectiva é certamente um conteúdo indeclinável de uma boa administração, reflexo incontornável do dever de legalidade das próprias pessoas colectivas. Este dever de promover a legalidade do comportamento da pessoa colectiva (...) não está positivado, mas é elementar e merece ser acrescentado ao elenco dos deveres fundamentais dos administradores».

Esta afirmação do Professor CARNEIRO DA FRADA deve ser lida com cautela, perante a problemática da *discricionariedade dos órgãos sociais na interpretação de normas jurídicas*. Perante normas jurídicas de conteúdo indeterminado, os órgãos sociais veem-se frequentemente confrontados com dificuldades. Na ausência de jurisprudência consolidada (e nalguns casos, mesmo perante tal jurisprudência), a concretização e aplicação da lei pelo seu destinatário aproxima-se, em termos materiais, de uma "decisão empresarial": ocorre frequentemente em condições de incerteza, sob pressão em termos de custos e de tempo, revestindo um certo "carácter de prognose" sobre os riscos jurídicos envolvidos que se não distingue daquele que caracteriza as "decisões empresariais". Sobre esta questão, cfr. JOSÉ FERREIRA GOMES, *Da administração à fiscalização das sociedades* § 65, 921 ss.

Aí, os tribunais tendem a não reconhecer como regra geral a imputação ao principal do conhecimento adquirido pelo agente, em qualquer momento e para qualquer efeito[300].

As regras ditadas pela *case law* foram já enunciadas na parte geral deste trabalho[301]. Quanto ao que ora nos ocupa, a regra geral é de *irrelevância* do conhecimento adquirido fora do exercício de funções (*while acting outside the scope of his authority*)[302].

Nessa medida, o conhecimento adquirido por um ator social antes do início das suas funções, bem como aquele que seja adquirido durante o período de exercício de funções, mas à margem destas, não é imputável ao principal[303].

Só assim não será se sobre o principal recair um dever de investigar (*duty to investigate*)[304].

XI. O entendimento vigente no Reino Unido encontra fundamento em decisões antigas, como a proferida pelo *Court of Chancery* em *Warrick v Warrick and Kniveton*, em 1745[305]. Aí se discutiu a dificuldade de um *solicitor* em recordar toda a informação que poderia ser relevante para os assuntos do seu cliente, adquirida durante a sua atuação em benefício de outros clientes. Sublinhou então o tribunal que a imputação irrestrita determinaria um incentivo perverso à contratação de agentes com menor experiência passada[306].

---

[300] *Moulin Global Eyecare Trading Ltd. V CIR*, [2014] HKCFA 22, 106. Cfr. WATTS e REYNOLDS, *Bowstead and Reynolds on Agency*[20], cit., 541.
[301] *Supra* p. 35 ss.
[302] Em todo o caso, não podem ignorar-se as muitas exceções de difícil sistematização. WATTS e REYNOLDS, *Bowstead and Reynolds on Agency*[20], cit., 541, 545.
[303] Segundo WATTS e REYNOLDS, esta é a solução que resulta da jurisprudência ao longo de muitos anos, apesar de rejeitada pelo *Second Restatement* e pelo *Third Restatement*. WATTS e REYNOLDS, *Bowstead and Reynolds on Agency*[20], cit., 545.
[304] Cfr. *El Ajou v Dollar Land Holdings plc & Anor* [1994] B.C.C. 143, analisado em cima, p. 54-55. *Vide* também as críticas de WATTS e REYNOLDS, *Bowstead and Reynolds on Agency*[20], cit., 545.
[305] 26 E.R. 970, 972 ou (1745) 3 Atkyns 291, 294.
[306] Nas palavras do *Court of Chancery*:
«*notice should be in the same transaction: This rule ought to be adhered to, otherwise it would make purchasers and mortgagees titles depend altogether on the memory of their counsellors and agents,*

Ainda assim, em *Mountford v Scott*[307], apesar de primeiro se ter aplicado a mesma regra[308], sustentou-se em recurso uma perspetiva casuística: «it must in all cases depend upon the circumstances». Em particular, estando em causa duas situações temporalmente próximas, o conhecimento adquirido numa deveria relevar para a outra:

> «*I should be unwilling to go so far as to say that if an attorney had notice of a transaction in the morning, he shall be held in a court of equity to have forgotten it in the evening*»[309].

> *and oblige them to apply to persons of less eminence as counsel, as not being so likely to have notice of former transactions».*

Mais de um século depois, no caso *Société Général v. Tramways Union Co., Ltd.*, o Court of Appeal sustentou que o conhecimento obtido pelo secretário da sociedade na leitura do testamento de um parente, no dia do seu funeral, sobre a existência de um direito sobre um bem, não era imputável à sociedade

> «*The secretary was in no way representing the company at the funeral; no notice was given to him as the agent of the company, nor did he acquire any knowledge of the defendant's security whilst transacting the company's business, or in any way for or on behalf of the company*».

[307] 1 Turn. & Russ. 279.

[308] 3 Mad. 40 (1818). Nas palavras de Sir John Leach:
> «*The agent stands in place of the principal, and notice therefore to the agent is notice to the principal, but he cannot stand in the place of the principal until the relation of principal and agent is constituted; and as to all the information which he has previously acquired, the principal is a mere stranger*».

[309] Nas palavras de Lord Eldon:
> «*The vice-chancellor in this case appears to have proceeded upon the notion that notice to a man in one transaction is not to be taken as notice to him in another transaction, in that view of the case it might fall to be considered whether one transaction might not follow so closely upon the other as to render it impossible to give a man credit for having forgotten it. I should be unwilling to go so far as to say that if an attorney had notice of a transaction in the morning, he shall be held in a court of equity to have forgotten it in the evening, it must in all cases depend upon the circumstances*».

Para além disso, será relevante a autoridade do próprio agente: se os auspícios do agente foram essenciais à celebração do negócio de transmissão da propriedade, não pode aceitar-se que o principal beneficie da sua intervenção, afastando o seu conhecimento acerca dos direitos pré--existentes do autor na ação. Cfr. *Jessett Properties Ltd. v. UDC Finance Ltd.*, [1992] 1 N.Z.L.R. 138. Nas palavras de Lord Halsbury em *Blackburn, Low & Co. v Thomas Vigors*, (1887) 12 App. Cas. 531:

> «*Some agents so far represent the principal that in all respects their acts and intentions and their knowledge may truly be said to be the acts, intentions, and knowledge of the principal. Other agents may have so limited and narrow an authority both in fact and in the common understanding of their form of employment that it would be quite inaccurate to say that such an agent›s knowledge or intentions are*

XII. O entendimento dominante no Reino Unido é há muito certeiramente criticado pelos tribunais norte-americanos com base na ideia de que «*the mind of the agent cannot be divided into compartments*»[310]. Este sabe ou não sabe, independentemente das circunstâncias em que os factos lhe foram comunicados (no exercício ou fora do exercício de funções)[311].

Para além disso, frequentemente os agentes são contratados atendendo à sua educação, experiência profissional e experiência de vida em geral. Beneficiando a sociedade dos conhecimentos assim adquiridos, não faria sentido que os mesmos não lhe fossem imputados[312].

Isto, reitere-se, sem prejuízo, por um lado, do que veremos acerca do esquecimento da informação[313] e, por outro lado, do já exposto sobre o bloqueio da imputação perante deveres de confidencialidade[314].

§ 18. O conhecimento adquirido antes do início das funções

1. O caso das garantias não registadas nas contas

I. Centremo-nos agora nos casos em que se discute a imputação do conhecimento adquirido por um ator social antes do início das suas funções. Tomemos como exemplo o seguinte caso[315]:

the knowledge or intentions of his principal; and whether his acts are the acts of his principal depends upon the specific authority he has received».
Cfr. WATTS e REYNOLDS, *Bowstead and Reynolds on Agency*20, cit., 546.
[310] *Restatement Second of Agency*, § 276, anot. a. Cfr. tb. DEMOTT, "When is a principal charged", cit., 305.
[311] E do momento em que o foram (antes ou durante o exercício de funções), como veremos de seguida no § 18.
[312] DEMOTT, "When is a principal charged", cit., 305-306.
[313] *Infra* § 21 (p. 135 ss.)
[314] *Supra* § 12 (p. 94 ss.)
[315] Parcialmente inspirado no caso da privatização da Sociedade Financeira Portuguesa. Sobre este veja-se ANTÓNIO MENEZES CORDEIRO, Anotação ao acórdão de 31 de março de 1993, *ROA*, 55:1 (1995), 123-190, JOÃO CALVÃO DA SILVA, *Parecer de Direito*, in AA.VV., *A privatização da Sociedade Financeira Portuguesa: Regras sobre reprivatizações. Responsabilidade pelo prospecto. Culpa in contrahendo. Vícios ocultos das empresas reprivatizadas*, 1995, 203-222.

A é gerente de *P*, sociedade que comprou a *X* uma participação de controlo na sociedade *Y*. Veio depois a saber que *Y* prestou garantias a *Z* que não estão refletidas nas suas contas e, ato contínuo, reclamou uma indemnização ao vendedor *X*.

X, em sua defesa, sustenta que *A*, que em tempos trabalhou para *Z*, tinha conhecimento dessas garantias e que, por isso, esse conhecimento é imputável a *P*.

II. A questão central, como dissemos, reside na possibilidade de o conhecimento de *A*, adquirido num momento em que não era gerente, poder ser imputado a *P*.

Na resolução desta hipótese, vamos desconsiderar o facto de a aquisição de conhecimento ter ocorrido no exercício de funções junto de *Z*. A relevância ou não de tal circunstância vê-la-emos noutro grupo de casos em que se ponderarão os deveres de confidencialidade do agente.

2. Enquadramento e solução

I. Este tipo de casos, sobre o conhecimento obtido por um ator social (administrador, trabalhador ou outro colaborador) *antes do exercício de funções*, partilham a mesma dimensão problemática daqueles que analisámos no ponto anterior, nos quais se discutia a imputação do conhecimento adquirido *fora do exercício de funções* e, por coerência sistemática, convocam a mesma matriz de solução.

Como vimos a esse propósito, o fundamento da imputação não reside na existência de um nexo de organicidade ou outra posição semelhante, mas na delimitação de esferas de risco por imperativos de proteção do tráfego: a sociedade é livre de se organizar internamente como entender, dividindo tarefas e delegando poderes, mas deve suportar o risco inerente.

O risco de organização (*Organisationsrisiko*), concretizado num risco de inadequado tratamento interno da informação, corre por conta da sociedade, de tal forma que o conhecimento lhe é imputado quando a *organização*[316] dispunha da informação relevante e, através da adoção de práticas adequadas de tratamento dos dados, poderia tê-la colocado à disposição daquele que é chamado ao cumprimento.

II. Tal como sustentámos antes, é em geral de admitir a imputação à sociedade do *conhecimento privado* do ator social, quando este intervém no ato em que tal conhecimento assume relevância ou quando o mesmo importa para o cumprimento dos seus deveres[317].

Só assim não será quando haja fundamento para sustentar o esquecimento da informação pelo sujeito ou pela sociedade, nos termos analisados adiante[318], ou quando a imputação seja bloqueada pela existência de um dever de confidencialidade, nos termos já vistos[319].

O que é relevante é se o agente conhece os factos relevantes (e não a forma como adquiriu conhecimento dos mesmos) e se está obrigado à sua comunicação ao principal.

III. Com efeito, independentemente do momento e da forma como a informação foi obtida, na medida em que esteja presente na mente do ator social aquando do exercício de funções, não pode deixar de ser imputada ao principal.

«*[T]he mind of the agent cannot be divided into compartments*»[320], pelo que não é possível a dissociação entre o conhecimento adquirido antes ou depois do início das suas funções.

Reitere-se a observação já sublinhada no caso do derrame de produtos químicos: sendo os administradores, trabalhadores ou colaboradores da sociedade designados ou contratados com base na sua educação, experiência

---

[316] Vimos já que a informação pode existir enquanto estado psicológico de um ator social (membro de um órgão, trabalhador ou colaborador...) ou em suporte documental, entendendo aqui documento no sentido amplo prescrito pelo art. 362.º CC e, nessa medida, cobrindo qualquer forma de arquivo físico ou digital da informação.
[317] Cfr. § 17 (p. 113 ss.) onde esta posição vem enquadrada na mais ampla discussão sobre o tema.
[318] *Infra* § 21 (p. 135 ss.).
[319] *Supra* § 12 (p. 94 ss.).
[320] *Restatement Second of Agency*, § 276, anot. *a*. Cfr. tb. DEMOTT, "When is a principal charged", cit., 305.

profissional e experiência de vida em geral, beneficiando a sociedade dos conhecimentos assim adquiridos, não faria sentido que os mesmos não lhe fossem imputados[321].

IV. Temos, portanto, que se *A*, enquanto gerente de *P*, sabia da existência das garantias, devia ter atendido a esse facto na negociação com *X*.

O risco de *A* não comunicar internamente essa informação e de não a refletir nessa negociação deve ser suportado por *P* e não alocado à contraparte.

§ 19. O conhecimento de um membro de órgão social coletivo

1. O caso da *bouça nova*

I. A jurisprudência é também frequentemente chamada a pronunciar-se, para efeitos de imputação de conhecimento, sobre a relevância do facto de, num órgão social coletivo, apenas um dos membros (ou uma parte dos membros) ter conhecimento da informação relevante. Vejamos a seguinte hipótese:

O conselho de administração da sociedade *P* é composto por três administradores: *A*, *B* e *C*. As deliberações são tomadas por maioria e a sociedade obriga-se com a assinatura de dois administradores.

A é deputado municipal e, nessa qualidade, tomou conhecimento de uma alteração relevante no regime do ordenamento do território do município que passou a permitir a edificação urbana numa zona territorial onde se encontra localizado o prédio conhecido entre os populares por *bouça nova*, propriedade de *P*.

P vende a *bouça nova* a *X*. No negócio intervêm *B* e *C*. Volvidos uns meses, *P* pretende invocar a invalidade do negócio, alegando um erro na formação da vontade. Ao tempo da venda, *P* desconhecia a possibilidade de edificação urbana no terreno em causa sendo que, caso conhecesse tal

---

[321] DEMOTT, "When is a principal charged", cit., 305-306.

circunstância, nunca teria alienado a *bouça nova* ou, pelo menos, nunca o teria feito por aquele preço.

X discorda. Em sua opinião, *P* sabia porque *A*, administrador de *P*, tinha conhecimento do facto.

P defende-se invocando a natureza colegial do órgão, dizendo que o conhecimento daquele que, sozinho, não pode formar a vontade da sociedade, nem teve qualquer intervenção no negócio, não pode ser imputado à pessoa coletiva em causa.

II. O caso apresentado tem variadíssimos pontos de contacto com outros grupos de casos[322]. Para o que ora nos ocupa, centremo-nos apenas no facto de apenas *um* dos administradores ter conhecimento da informação relevante.

Tratando-se de um órgão coletivo, como opera a imputação de conhecimento quando o estado psicológico relevante se encontra apenas numa pessoa que, isoladamente, nada decide nem vincula a sociedade?

2. Enquadramento e solução

I. Como vimos, para a teoria do conhecimento absoluto, na sua versão mais pura, o facto de o órgão ser coletivo e apenas um dos seus membros ter conhecimento, era indiferente: os nexos de imputação orgânica exigiam que tal conhecimento do administrador *A* fosse imputado à sociedade[323].

Este quadro argumentativo está ultrapassado, como sublinhámos: o conhecimento adquirido por membros dos órgãos sociais não é, necessária e automaticamente, conhecimento da sociedade[324]. Não obstante, a solução do caso, nesta hipótese, não é substancialmente diversa.

---

[322] Veja-se em particular quanto foi dito nos §§ 17 (p. 113 ss.) e 18 (p. 124 ss.) a propósito da imputação de conhecimento obtido fora e antes do exercício de funções.
[323] *Supra* p. 59 ss.
[324] *Supra* p. 64 ss.

O mesmo seria alcançado pela qualificação de *A* como representante de conhecimento. Porém, também este fundamento de imputação se encontra hoje superado pela teoria do risco de organização[325].

II. No mesmo sentido, no espaço anglo-saxónico, a superação das perspetivas de identificação da pessoa coletiva com os seus agentes, por uma solução funcional conformada pelo sentido da norma aplicável ao caso, abre a porta à ponderação do risco de organização[326].

III. Assim, admitamos que *A* não estava vinculado a nenhum dever de reserva ou confidencialidade quanto à alteração ocorrida no regime do ordenamento do território. Podia, portanto, ter partilhado a informação conhecida, cuja relevância para o interesse da sociedade é manifesta. Não o fez, contudo.

A inexistência de partilha da informação, quando possível e desejável, é um risco que deve ser suportado por aquele que, através de uma organização adequada, podia e devia ter garantido o conhecimento relevante na formação de um concreto negócio.

O risco de organização, como critério de imputação, exige que o conhecimento de *A* seja imputado a *P*, não obstante a colegialidade do órgão, o seu modo de funcionamento e o regime de vinculação da sociedade[327].

---

[325] *Supra* p. 70 ss.
[326] *Supra* p. 54 ss.
[327] «Se, na visão aqui expressa, se assumir que a imputação de conhecimento dos representantes da sociedade segundo o § 31 BGB, isso significa que o conhecimento de cada membro do conselho de administração pode conduzir a um correspondente conhecimento da AG, isso não dependendo de o administrador estar ciente ou envolvido na medida em causa. O pressuposto é, naturalmente, a violação dos deveres de organização impostos à sociedade.» – HABERSACK e FOERSTER, in *AktG Großkommentar*[5], § 78, n.º 42.

§ 20. O momento da imputação de conhecimento

1. O caso da comunicação do sinistro

I. Em muitos casos discutidos na jurisprudência, o problema central coloca-se já não tanto quanto à imputação de conhecimento, mas antes quanto ao momento concreto da imputação. Vejamos as seguintes hipóteses:

A sociedade P celebrou com a sociedade X um contrato de seguro de responsabilidade civil nos termos do qual a tomadora, P, estava obrigada a dar imediato conhecimento à seguradora de qualquer sinistro relevante para efeitos do contrato.

Caso n.º 1: A, *manager* do departamento de risco de P, toma conhecimento da ocorrência de um sinistro suscetível de estar coberto pela apólice. Nada faz. A seguradora (X) pretende que o conhecimento do sinistro seja imputado a P que assim não terá comunicado o sinistro no prazo contratual[328].

Caso n.º 2: Suponhamos agora, tendo por base a mesma factualidade, que o *manager* tem conhecimento do sinistro dez dias após a sua ocorrência. No dia seguinte, a administração de P informa X do evento em causa. A seguradora, contudo, entende que o sinistro não foi atempadamente comunicado, uma vez que entre a ocorrência do facto e o momento da comunicação há uma dilação temporal de cerca de 10 dias[329].

II. Em ambas as hipóteses, em causa está o cumprimento de um contrato.

Com efeito, da apólice consta a *obrigação de comunicação imediata* de uma certa tipologia de eventos. O cumprimento desta obrigação pressupõe, naturalmente, um juízo prévio de imputação, a P, do conhecimento do sinistro que deve ser comunicado, uma vez que ninguém pode informar sobre o que desconhece.

Todavia, o juízo de imputação não basta. Para aferir do cumprimento, é necessário determinar o momento exato da imputação do conhecimento: quando, ou a partir de quando, P conhece.

---
[328] Caso inspirado na *illustration* 20 do § 5.03 do *Restatement Third of Agency*.
[329] Caso inspirado na *illustration* 21 do § 5.03 do *Restatement Third of Agency*.

Só a partir do momento do conhecimento é que é possível aferir a tempestividade da comunicação de *P* e o consequente cumprimento da obrigação a que a sociedade se encontra vinculada.

2. Enquadramento e solução

I. O caso da comunicação do sinistro, não obstante os naturais pontos de contacto com as hipóteses anteriormente analisadas, tem a particularidade de trazer à boca de cena, com especial intensidade, a relevância da organização interna da sociedade como critério de imputação do conhecimento. A questão não é nova mas adquire, nesta hipótese, contornos especialmente definidos.

Para que *P* possa cumprir as obrigações assumidas junto de *X*, deve diligenciar no sentido da obtenção e do tratamento de certa informação. Tal exige que *P* estruture a sua atividade de um modo adequado a obter a informação em causa e a dar-lhe o seguimento devido.

Para o efeito, *P* criou um *departamento de risco* e dotou-o de atribuições bem definidas no quadro da sua organização interna. Era ao departamento de risco que cabia verificar a ocorrência dos sinistros a comunicar à seguradora e ativar os procedimentos internos que assegurassem o cumprimento do dever de comunicação imediata.

II. Como vimos, a sociedade, enquanto *Handlungsorganisation*, tange uma multiplicidade de esferas jurídicas na sua atuação no comércio. A divisão de tarefas que pressupõe é sempre um fator gerador de risco (o *Organisationsrisiko*), a controlar por uma *organização adequada*[330].

Para o efeito, exige-se informação: o dever de adotar uma organização adequada à natureza da sua atividade traduz-se (também) num dever de organização do conhecimento (*Pflicht zur Wissensorganisation*). Esta concretiza-se não apenas em deveres de indagação, de arquivo e de transmissão

---

[330] *Supra* §§ 10 (p. 77 ss.) e 11 (p. 85 ss.).

de informação, mas também num dever de tratamento (ou gestão interna) da informação[331].

Com efeito não basta a conservação da informação para memória futura; só o tratamento da informação permite selecionar aquela que é útil para cada fim específico, de forma a ser disponibilizada em tempo útil àqueles que em cada momento atuam por conta da sociedade.

III. No caso das máquinas *overlock*[332], o problema da fragmentação do conhecimento (*Wissensaufspaltung*) não se coloca: *A* que, enquanto gerente da sociedade *P*, celebra o negócio, detém a informação relevante.

Já não assim no caso dos restaurantes de *fast-food*[333]. Aí, aquele que obtém e processa a informação relevante não é aquele que dela precisa para atuar. Com efeito, aquele que vincula a sociedade não negociou o contrato. Sendo as informações relevantes do conhecimento de outros sujeitos, exige-se uma *organização do conhecimento* adequada à disponibilização da informação relevante àquele que atua.

Nos casos da comunicação do sinistro que ora nos ocupam, a *organização do conhecimento* surge centrada no departamento de risco. A este cabe obter a informação sobre sinistros ocorridos, gerir essa mesma informação e ativar os procedimentos internos que assegurem a comunicação imediata dos sinistros relevantes para *P* à seguradora *X*.

IV. No *caso n.º 1*, *A*, *manager* do departamento de risco, toma conhecimento do sinistro. Contudo, não desencadeou os mecanismos internos de partilha da informação que teriam levado a administração de *P* a comunicar à seguradora *X* o sinistro em causa.

Constata-se, portanto, a violação de um dever de partilha da informação (*Informationsweiterleitungspflicht*) ou, se se preferir, um deficiente funcionamento da organização baseada na divisão de tarefas (*arbeitsteilig Organisation*)[334]: os administradores da sociedade *P* não tomaram conheci-

---

[331] *Supra* p. 80 ss.
[332] *Supra* p. 105 ss.
[333] *Supra* p. 108 ss.
[334] *Supra* p. 79 ss.

mento do sinistro porque *A* não ativou os procedimentos internos previstos para que a informação relevante lhes fosse comunicada.

O risco associado à fragmentação do conhecimento e, em concreto, ao colapso ou à inadequação da estrutura de organização interna da sociedade, integra aquele risco de organização (*Organisationsrisiko*) que deve ser suportado pela própria sociedade[335]. Por essa razão, o conhecimento é-lhe imputável.

Imputado o conhecimento, é possível afirmar que a obrigação de comunicação imediata, prevista no contrato de seguro, foi violada: *P* conhecia o sinistro e não o comunicou atempadamente.

V. O *caso n.º 2* é substancialmente diverso. *A* tomou conhecimento do evento relevante e cumpriu todos os deveres internos de partilha de informação, de tal sorte que o sinistro chegou ao conhecimento da administração que, de imediato, o comunicou à seguradora.

Não existiu, portanto, um colapso ou um deficiente funcionamento do sistema intra-societário de organização do conhecimento, no que à sua transmissão diz respeito.

A questão que se coloca é saber em que momento a sociedade conhece.

VI. Por princípio, a sociedade conhece no momento em que – à luz da sua concreta estrutura de organização interna – aquele que devia conhecer *toma* ou *devia tomar* contacto com a factualidade ou a informação relevante.

Em causa está, uma vez mais, a ponderação do risco de organização. A sociedade organiza-se para assegurar o conhecimento. O risco associado a um estado subjetivo de conhecimento ou ignorância que se encontre para além das fronteiras da organização interna da sociedade, é um risco que escapa à controlabilidade (*Beherrschbarkeit*) da sociedade[336], não lhe devendo ser imputado.

---

[335] Como sublinha ADLER, *Wissen und Wissenszurechnung*, cit., 80:
«*Os riscos decorrentes da fragmentação do conhecimento devem ser suportados por aquele que os induziu e que, através de uma organização adequada (zweckmäßige Organisation), podia controlar*».
Veja-se tb., *v.g.*, PETRA BUCK, *Wissen und juristische Person*, cit., 313 ss.
[336] *Supra* p. 74-75, 93-94.

Daqui decorre que, na hipótese que nos ocupa, a sociedade conhece no momento em que *A*, *manager* do departamento de risco, teve conhecimento do sinistro e o comunicou à administração, isto é: 10 dias após a sua ocorrência.

A comunicação de *P* à seguradora *X* é, portanto, tempestiva.

VII. Só assim não seria se constatássemos a existência de uma *desadequada* organização do conhecimento.

Como vimos, a adoção de uma *organização adequada* é um dever da sociedade. O risco de uma organização inepta ou desadequada à realidade sócio-económica da sociedade em causa é um risco que lhe deve ser alocado.

Haveria portanto imputação se fosse possível concluir que *P* só tomou conhecimento dos factos 10 dias após o sinistro, mas que – atendendo à natureza da atividade da sociedade, ao seu volume de negócios, às práticas de bom governo, etc. – a existência de uma outra organização interna, mais *adequada* à realidade do comércio, permitiria o conhecimento em momento anterior.

A imputação do conhecimento, por recondução dogmática ao risco de organização, determina a imputação à sociedade do risco da ignorância dos factos. O mesmo é dizer: permitiria imputar o conhecimento em momento anterior e, assim, concluir no sentido da intempestividade da comunicação.

VIII. Uma outra questão, próxima das colocadas, tem que ver com a eventual dilação temporal entre o conhecimento do sinistro por *A*, *manager* do departamento de risco, e o conhecimento do mesmo facto pela administração da sociedade. Em que momento é imputado o conhecimento? Quando *A* conhece o sinistro ou quando o comunica à administração?

In casu, o conhecimento é relevante para a atuação da administração. O momento da imputação deve ser coincidente com o momento em que aquele que atua por conta da sociedade, em consequência do conhecimento, com ele toma contacto.

A dilação temporal entre o momento em que *A* conhece o sinistro e o momento em que tal notícia chega à administração da sociedade é irrelevante se – à luz de uma adequada organização da sociedade – tal dilação corresponder ao tempo normal de tratamento e circulação interna de informação.

Nesse caso, o momento relevante da imputação será aquele em que a administração toma conhecimento do sinistro, para o poder comunicar.

Só assim não ocorrerá se a dilação temporal observada corresponder a uma inadequada organização interna do conhecimento: nesse caso a imputação poderá ocorrer em momento anterior: *o momento em que tipicamente tal conhecimento deveria ter sido comunicado.*

§ 21. O esquecimento da informação

1. O caso da contaminação esquecida

I. Na jurisprudência encontram-se múltiplos casos em que o tema central é a relevância jurídica do esquecimento da informação. Vejamos os seguintes exemplos hipotéticos:

Caso n.º 1: A sociedade P comprou a X uma participação de 75% no capital social de Y, sociedade que é dona de um conjunto de fábricas. Numa inspeção subsequente aos terrenos de uma das fábricas, P apercebeu-se da contaminação do solo com produtos químicos e reclamou uma indemnização a X.

X defendeu-se sustentando que A, gerente de P, que participou nas negociações sobre o contrato de compra e venda, e B, engenheiro ambiental que é funcionário de P, tinham conhecimento dessa contaminação, porque há 20 anos trabalharam na consultora que, a pedido de Y, analisou possíveis soluções de descontaminação e concluiu pela sua impossibilidade.

Segundo P, nem A nem B se recordavam minimamente desse facto.

II. Neste caso, A e B tiveram conhecimento da contaminação antes do exercício de funções junto de P.

Como vimos no caso das garantias não registadas nas contas[337], o conhecimento adquirido antes do exercício de funções e relevante para tal exercício é, por regra, imputável à sociedade.

Neste caso, porém, os atores sociais em causa esqueceram-se da informação relevante: estão num estado psicológico de ignorância. Trata-se de um caso de *esquecimento pelos agentes*.

Ainda assim, haverá imputação?

III. Tomemos, agora, por hipótese a mesma factualidade.

Caso n.º 2: A e B não olvidaram a informação, tendo aliás comunicado internamente os factos em causa. Sucede porém que, anos volvidos, ninguém na sociedade (incluindo os próprios A e B) se recorda da informação comunicada. Existirá, neste caso, imputação de conhecimento?

Caso n.º 3: Tendo ainda por referência a mesma factualidade, suponhamos agora que A e B não só comunicaram a informação, como elaboraram um relatório que foi arquivado na sociedade... e esquecido. No momento da aquisição da participação social, A não só não se recorda da contaminação, como não teve acesso a nenhum suporte documental que o relembrasse.

IV. Nestas duas últimas hipóteses, o problema que se coloca é o do *esquecimento pela própria sociedade*: em que medida é que o conhecimento de determinados factos, em certo momento temporal comunicado à sociedade, pode, em momento posterior, deixar de lhe ser imputado?

2. Enquadramento e solução

I. Comecemos por ponderar o *Caso n.º 1*, relativo ao *esquecimento pelo agente – in casu*, o esquecimento de A e B –, não tendo havido comunicação à sociedade da factualidade em causa.

Para efeitos da ponderação axiológica dirigida à segurança do tráfego, assente na distribuição de risco entre a sociedade e a sua contraparte, importa antes de mais verificar *objetivamente* se, tendo o agente esquecido os

[337] *Supra* p. 124 ss.

factos relevantes, a memória dos mesmos ultrapassa a *capacidade humana*. O esquecimento, como o conhecimento, são estados psicológicos com um necessário suporte biológico que não pode ser ignorado.

A *capacidade humana* traduz assim o padrão abstrato e objetivo do homem médio, colocado perante as circunstâncias do caso, que serve de critério de solução casuística. Nessa medida, não se afasta do critério de *razoabilidade do esquecimento*, enunciado, por exemplo, pela *Law Commission* no Reino Unido[338].

II. No preenchimento deste critério deve atender-se não apenas ao tempo decorrido entre a ocorrência do facto e a situação em que o mesmo é relevante, mas também a outros fatores.

Assim, por exemplo, se os factos são relativos a um negócio, igual a milhares de outros negócios celebrados pela sociedade em massa, não é expectável que o agente se recorde dos mesmos.

III. Se, perante o critério enunciado – o da *razoabilidade do esquecimento* –, a resposta for *negativa*, de tal forma que se possa afirmar que a memória dos factos estava ao alcance de um homem médio, então o conhecimento é imputável à sociedade.

Porém, se a resposta for *positiva*, no sentido de que a memória dos factos ultrapassa a capacidade humana, deve então indagar-se da existência de um dever de comunicação (ou documentação) interna desses mesmos factos, quando ainda recordados pelo agente.

Assim, se o agente, à data em que ainda se recordava da informação, estava obrigado a comunicá-la (ou documentá-la) internamente e não o fez, então o conhecimento da informação é imputável à sociedade.

Se, pelo contrário, naquela data em que a memória dos factos ainda era possível, o agente não estava obrigado a comunicar a informação (porque, por exemplo, ainda não trabalhava na sociedade em causa), então, uma

---

[338] *Fiduciary duties and regulatory rules, Consultation paper no. 124*, 1992, 21.

vez esquecida a informação, deixa de ser possível a sua comunicação à sociedade e, logo, deixa de ser razoável a sua imputação[339].

IV. Detenhamo-nos agora nos *Casos n.*os *2 e 3*, relativos ao *esquecimento pela sociedade*.

A informação apreendida pelo sujeito num determinado momento *foi* ou *devia ter sido* comunicada internamente à sociedade e por esta documentada[340], mas, por qualquer razão, a pessoa que, em momento posterior, atua por conta da sociedade, não tem conhecimento da informação em causa.

O critério de solução já não é, naturalmente, o limite da capacidade humana da memória do sujeito que apreendeu originariamente a informação.

Ao conhecimento que *seja* ou *deva ser* documentado (*Aktenwissen*) passa a aplicar-se o critério de *razoabilidade no tratamento da informação*, devendo questionar-se se a organização do conhecimento (adquirido no passado) para efeitos da sua disponibilização ao sujeito que atua por conta da sociedade, num momento futuro, era *possível e expectável (ou exigível)*[341].

V. O dever de organização da informação compreende a criação de mecanismos que assegurem que toda a informação relevante (que está na organização) é posta à disposição dos sujeitos que atuam por conta da sociedade[342].

---

[339] BGH 24-jan.-1992, *BGHZ*, 117, 104 (108), BGH 17-mai.-1995, *WM*, 1995, 1145 (1147), BGH, 1-out.-1999, *WM*, 1999, 2515 (2516).
Perante a diversidade de posições assumidas pela jurisprudência nos EUA, o *Restatement Third on Agency* sustenta uma presunção de imputação ao principal do conhecimento obtido pelo agente na pendência da relação de agência, ainda que o agente a venha a esquecer. Da mesma forma, se o agente comunicar o facto ao principal e este se esquecer do mesmo, o conhecimento continua a ser-lhe imputável.
Contudo, se o agente obteve o conhecimento num momento anterior à relação de agência, poderá não ser exigível que se recorde, aquando do exercício de funções, dos factos anteriormente conhecidos.
[340] No preenchimento desta proposição, o BGH recorre a um padrão de tipicidade, referindo-se a conhecimento tipicamente documentado (*typischerweise aktenmäßig festgehaltene*). Cfr. os acórdãos do BGH de 8-dez.-1989, *BGHZ*, 109, 327, e de 2-fev.-1996, *BGHZ*, 132, 30.
[341] BGH 2-fev.-1996, *BGHZ*, 132, 30.
[342] Cfr. TAUPITZ, "Wissenszurechnung nach englischem und deutschem Rechts", cit., 16 ss., 28 ss. Cfr. tb. BGH 2-fev.-1996, *BGHZ*, 132, 30.

Se tal não acontece, a ignorância é negligente (*fahrlässiger Unkenntnis*)[343] e, consequentemente, é imputado à sociedade o conhecimento em causa. Esta construção reclama duas concretizações.

Em primeiro lugar, a ponderação da relevância normativa da informação assenta num juízo de prognose, pelo que é de natureza necessariamente probabilística[344].

Em segundo lugar, a afirmação de que a sociedade se deveria ter organizado, por forma a colocar determinada informação à disposição daquele que atua por sua conta, depende da identificação de uma razão específica que justifique a disponibilização dessa informação ao sujeito e nas circunstâncias em causa.

Isto é particularmente relevante nos casos em que seja normativamente exigível uma segregação de informação ou, de forma mais genérica, em que se imponha um determinado nível de confidencialidade da informação em causa[345].

VI. Daqui não resulta, sublinhe-se, que *todo o conhecimento documentado seja imputável à sociedade em todos os momentos*. Caso a caso, haverá que ponderar o critério da razoabilidade no tratamento da informação, centrado na distribuição de risco entre a sociedade e o terceiro (ou terceiros) com quem interage.

Em todo o caso, deve ter-se presente a afirmação da *Law Commission*, no Reino Unido, segundo a qual os tribunais só admitem a «corporate amnesia» em casos excecionais[346]. Isto porque, por um lado, os modernos sistemas de armazenamento e tratamento de informação tornam relativamente fácil a uma sociedade conservar e disponibilizar informação a

---

Está aqui em causa a questão da fragmentação da informação e a possível aplicação do argumento da igualdade entre pessoa coletiva e pessoa singular, já analisada *supra* na p. 72.
[343] HABERSACK e FOERSTER, in *AktG Großkommentar*[5], § 78, n.º 40.
[344] Sublinhando a apreciação da probabilidade (*Wahrscheinlichkeit*) da relevância normativa da informação, HABERSACK e FOERSTER, in *AktG Großkommentar*[5], § 78, n.º 41.
[345] HABERSACK e FOERSTER, in *AktG Großkommentar*[5], § 78, n.º 41. Sobre o bloqueio da imputação perante deveres de confidencialidade, segregação de informação e proteção de dados pessoais, cfr. § 12 (p. 94 ss.) *supra*.
[346] Porém, segundo WATTS e REYNOLDS, *Bowstead and Reynolds on Agency*[20], cit. 542, a questão não obtém ainda resposta definitiva na jurisprudência.

quem dela necessita na atuação por conta da sociedade; por outro lado, a admissibilidade genérica do esquecimento constituiria um incentivo perverso para que as sociedades se organizassem internamente em termos que facilitassem esse olvido[347].

Assim, por exemplo, no caso *Bates v. Stone Parish Council*, de 1954[348], em que se discutiu a responsabilidade deste *Council* pelo acidente de uma criança num escorrega defeituoso, o *Court of Appeal* considerou que ao mesmo era imputável o conhecimento de um acidente anterior, ocorrido 16 anos antes, dado que estava registado em ata e que dois membros do *Council* que exerciam funções à data do acidente continuavam então em funções[349]. Não obstante, sublinhou o Tribunal:

«*I do not think it would be right to lay down, as a matter of principle, that a council must be taken to know all the past contents of its minute book*».

VII. No sistema alemão, há quem sustente que, não podendo a pessoa coletiva ser colocada numa posição mais gravosa daquela em que ficaria uma pessoa singular (que, por condicionamentos biológicos, pode esquecer), só lhe é imputável o conhecimento documentado que deva conhecer a pessoa "responsável pelo cumprimento" do "dever de organização", enquanto dever de reencaminhamento da informação até àquele que dela necessita para atuar por conta da sociedade[350].

---

[347] *Fiduciary duties and regulatory rules, Consultation paper no. 124*, cit., 21.
[348] [1954] 1 W.L.R. 1249.
[349] Como se lê no acórdão:
«*This raises, inter alia, the question of the defendants› knowledge or ignorance of the accident in 1934. The then clerk had retired, the present clerk was not called. The then chairman was still a member of the council and was not called. The accident and the action taken as a result of it is fully recorded in the minutes. In these circumstances, I would have thought that the defendants knew or must be taken to know of the accident of 1934*».
Já antes, no caso *J.C. Houghton and Co. v Nothard, Lowe & Wills, Ltd.*, [1928] A.C. 1, 18, a House of Lords, partindo de uma construção hoje ultrapassada, considerou que:
«*The mind, so to speak, of a company is not reached or affected by information merely possessed by its clerks, nor is it deemed automatically to know everything that appears in its ledgers*».
Para o caso ora em análise releva esta última parte.
[350] Neste sentido, *v.g.*, TOBIAS LENZ, in LUTZ MICHALSKI, *Kommentar zum GmbHG*, 2.ª ed., 2010, § 35, n.º 109. Veja-se *supra* p. 72 sobre o argumento da igualdade.

Esta solução é pouco sustentável face ao argumento enunciado pela *Law Commission*[351] (já analisado em cima), relativamente às potencialidades dos modernos sistemas de armazenamento e tratamento de informação, que tornam relativamente fácil a uma sociedade conservar e disponibilizar informação a quem dela necessita na atuação por conta da sociedade.

Tais sistemas informáticos dispensam a existência de uma pessoa especificamente incumbida de reencaminhar internamente informação.

§ 22. A cessação de funções do agente

1. O caso do lençol freático

I. O problema do esquecimento da informação pela sociedade está estreitamente relacionado com os de imputação de conhecimento adquirido por um agente que, entretanto, deixou de colaborar com a sociedade.

Numa hipótese próxima da anterior, imaginemos que *A*, enquanto administrador de *P*, tomou conhecimento que num determinado terreno, propriedade da sociedade, passava um lençol freático a pouco mais de dois metros de profundidade. Volvidos 20 anos, *A* já não é administrador da sociedade e encontra-se, aliás, retirado de qualquer atividade profissional.

B, atual administrador, vende a *X* o terreno da sociedade desconhecendo a existência de um lençol freático. *A* é, porém, amigo de *X* e, conhecendo o negócio já depois da sua celebração, avisa-o de que é absolutamente impossível a edificação de qualquer construção naquele terreno, dada a presença de água a cerca de dois metros de profundidade.

P alega que desconhecia absolutamente a existência do lençol freático.

II. Como se disse, o caso tem semelhanças com os anteriores. Partamos, contudo, do princípio que *A* não comunicou a *P* a informação nem esta se encontra de qualquer outro modo documentada na sociedade.

---

[351] *Fiduciary duties and regulatory rules, Consultation paper no. 124*, 1992, 21.

Pode o conhecimento atual daquele que já não exerce funções junto de P ser fundamento de imputação de conhecimento à sociedade?

2. Enquadramento e solução

I. A imputação, como vimos, corresponde à atribuição normativa à pessoa coletiva do estado psicológico de conhecimento dos membros dos seus órgãos sociais ou de outros atores sociais relevantes.

Na medida em que a pessoa em causa tenha cessado funções, não pode haver imputação neste primeiro sentido, a menos, claro, que a informação em causa *tenha sido* (ou *devesse ter sido*) comunicada a outros sujeitos na sociedade que se mantenham em exercício de funções à data da situação relevante, ou que tal informação se encontre (ou *devesse encontrar*) de algum modo na organização societária.

II. Da ponderação dos casos anteriores resulta que o conhecimento do administrador (ou outro ator social relevante), que entretanto cessou funções, pode ser imputado à sociedade, desde que se trate de conhecimento que *esteja documentado*[352] ou *devesse ter sido documentado*[353], mas não o foi, por violação de um dever de comunicação à sociedade ou de um dever de indagação por parte da desta[354].

Aquele que interage com a pessoa coletiva não pode ser colocado numa posição mais gravosa do que se estivesse a lidar com uma pessoa singular, pelo que o risco de perda de informação aquando da cessação de funções de um agente corre por conta da pessoa coletiva[355].

---

[352] *Vide* quanto já foi dito sobre esquecimento da informação (documentada) pela sociedade, *supra* p. 135 ss..

[353] O BGH recorre a um padrão de tipicidade: o conhecimento tipicamente documentado (*typischerweise aktenmäßig festgehaltenes Wissen*). Cfr. acórdãos do BGH de 8-dez.-1989, *BGHZ* 109, 327, e de 17-mai.-1995, *WM*, 1995, 1145.

[354] Cfr. acórdãos do BGH de 8-dez.-1989, *BGHZ* 109, 327, e de 17-mai.-1995, *WM*, 1995, 1145. Cfr. tb., *v.g.*, HABERSACK e FOERSTER, in *AktG Großkommentar*[5], § 78, n.º 43, SANDRO ABEGGLEN, *Wissenszurechnung bei der juristischen Person und im Konzern, bei Banken un Versicherungen*, 2004, 136-137.

[355] BOHRER, "Nr. 2 Wissenszurechnung bei Organen juristischer Personen", cit., 124.

Estamos perante uma construção que assenta, uma vez mais, na imputação do risco de organização à pessoa coletiva (*teoria do risco de organização*) e não na inferência lógico-conceptual do conhecimento desta a partir da posição orgânica, ou outra semelhante, da pessoa singular onde se verifica o estado psicológico do conhecimento (*teoria do conhecimento absoluto*).

III. Nos EUA, há quem sustente que o conhecimento do agente em exercício de funções é imputado ao principal e, uma vez operada essa imputação, a cessação do vínculo de agência (por morte, renúncia, resolução ou qualquer outra causa), sem que o conhecimento tenha sido efetivamente transmitido à sociedade, não afeta tal imputação[356].

Valeria a regra de que "uma vez imputado, sempre imputado". Em causa está a concretização daquele princípio que, na dogmática continental, ficou conhecido como de *perpetuação do conhecimento* (*einmal Kenntnis – immer Kenntnis*)[357], como concretização lógico-jurídica da *Organtheorie*.

Assim, algures no passado o conhecimento de A teria sido imputado a P, nele permanecendo aquando da alienação do terreno a X.

---

[356] Cfr. *Beetschen v. Shell Pipe Line Corp.*, 248 S.W.2d 66 (1952), onde o tribunal sustentou:
«*This actual knowledge on the part of these officials is to be imputed to the corporation, and, once imputed to the corporation, became the knowledge of the corporation for all time and for all legal intents and purposes. (...) A corporation should be held to the same responsibility for the possession by its officers of actual knowledge of corporate affairs that is imposed upon an individual.*
Appellant, however, claims that because of the change in the personnel of its officers and agents in the course of the years the corporation should be excused from the legal effects of its previous knowledge. We hold that appellant having once been charged with the legal effects of actual knowledge of its limited right to enter the land of respondents, continued to be possessed of such knowledge regardless of the changes which may have occurred during the years in the personnel of its officers in charge of the land department or in the identity of its right of way officials.»
Cfr. tb. FLETCHER, *Fletcher Cyclopedia*, 3, cit., 51-52.
Nalguns casos, os tribunais afirmam a *imputação atual* de um conhecimento já *previamente imputado* à sociedade. Assim, se a sociedade fez uso da informação em causa no passado para seu benefício (numa ação judicial, por exemplo), não poderia depois alegar o seu desconhecimento com fundamento no facto de os administradores que a conheciam já não exercerem funções. No Reino Unido, se o negócio relevante é celebrado após a cessação da relação de agência, não é claro que o conhecimento do ex-agente seja imputável ao principal para efeitos desse negócio. WATTS e REYNOLDS, *Bowstead and Reynolds on Agency*20, cit., 542.
[357] *Supra* p. 63.

IV. Porém, como já tivemos oportunidade de ver, esta perspetiva está hoje, em geral, superada, residindo o fundamento da imputação ora no dever de prestação de informação pelo agente ao principal[358], ora nos incentivos que a imputação cria para que o principal conceba e aplique sistemas efetivos através dos quais o agente trata e comunica informação[359].

Ao atribuir ao principal o conhecimento de factos que o agente conhece ou tem o dever de conhecer, a imputação reduz os incentivos para lidar com os agentes de forma a evitar as consequências legais de factos que o principal preferiria não conhecer[360].

Em causa está, uma vez mais, a distribuição do risco entre a sociedade e os terceiros que com ela interagem, fazendo recair sobre a primeira o risco da sua organização.

V. Assim, a imputação de conhecimento a P carece da demonstração da violação de um dever de comunicação algures no passado, quando A era administrador, de tal sorte que – ponderado o que já ficou dito acerca do esquecimento pela sociedade – tal conhecimento lhe possa ainda ser imputado.

Uma certeza se pode afirmar: o conhecimento atual de um antigo administrador – que não foi comunicado à sociedade, nem era juridicamente exigível que o fosse –, não permite a imputação de conhecimento à pessoa coletiva.

---

[358] Como vimos, tendo o agente obtido conhecimento de um facto (dentro ou fora do âmbito da relação de agência) que estava obrigado a comunicar ao principal, presume-se que o fez. Esta presunção é teoricamente ilidível, mas, na prática, acaba por ser afastada apenas nos casos de fraude do agente perante o principal.
[359] Cfr. p. 39 ss.
[360] § 5.03 do *Restatement Third of Agency*, anot. c.

§ 23. A agregação de informação

1. O caso das agências bancárias

I. Quanto maior e mais complexa é a atividade de uma sociedade, maior é a divisão do trabalho e o risco de fragmentação do conhecimento (*Wissensaufspaltung*) no seu seio. Perante esta realidade, questiona-se em que termos deve tal conhecimento, disperso por diferentes pessoas singulares e por diferentes bases de dados, ser agregado para efeitos de imputação unitária à sociedade. Vejamos o seguinte caso:

X é cliente do banco P, que tem inúmeros balcões espalhados pelo país. Tem conta num balcão de Sintra, onde vive, e através da qual gere toda a sua vida pessoal. A, responsável por este balcão, conhece bem a situação de X, a quem acompanha regularmente.

Para efeitos profissionais, porém, X trabalha com um balcão em Lisboa, cujo responsável, B, lhe propôs a contratação de *swaps* de taxa de juro de teor manifestamente especulativo.

X perdeu muito dinheiro com estes contratos. Considerando a sua relação de longa data com A e B, entende X que o banco deveria saber que os *swaps* contratados eram manifestamente desadequados ao seu perfil de investimento e pretende ser indemnizado por P. Argumenta: «bastava que A e B tivessem conversado para chegar rapidamente à *conclusão de que eu não era cliente para aquele produto*».

II. Este caso, inspirado num caso real decidido pela *House of Lords* em 1932 (*Lloyds Bank Ltd.* v. *EB Savory* & Co.[361]), exemplifica o problema da fragmentação do conhecimento na sua máxima extensão.

---

[361] [1933] A.C. 201. Neste caso, a informação detida por uma agência do banco foi considerada como detida também por outra agência e, consequentemente, o tribunal considerou que o banco incumpriu um dever para com o seu cliente. O banco argumentou que o sistema que tinha adotado para o pagamento de cheques envolvia uma divisão de conhecimento e que, por isso, o conhecimento das suas diferentes agências não podia ser agregado. Respondeu Lord Wright que o sistema adotado voluntariamente pelo banco, sem dúvida no interesse geral e no interesse dos seus clientes, não o pode colocar numa posição melhor do que aquela em

2. Enquadramento e solução

I. Neste caso, a extensão da fragmentação do conhecimento testa os limites da construção enunciada. Na base temos a proposição de que, beneficiando a sociedade da divisão de tarefas necessária ao desenvolvimento da sua atividade, deve suportar o correspondente risco de fragmentação do conhecimento: *ubi commoda, ibi incommoda*.

A imputação assenta, portanto, numa ponderação axiológica de distribuição de risco entre a sociedade e a sua contraparte (ou demais esferas jurídicas envolvidas)[362]. A sociedade deve organizar-se internamente, de forma adequada (*dever de adequada organização*), para assegurar que a informação obtida por um qualquer ator social (membro de um órgão[363], trabalhador ou colaborador) é colocada à disposição daquele que é chamado a cumprir a norma em causa.

O risco de organização (*Organisationsrisiko*), concretizado num risco de inadequado tratamento interno da informação, corre por conta da sociedade, de tal forma que o conhecimento lhe é imputado quando a *organização*[364] dispunha da informação relevante e, através da adoção de práticas adequadas de tratamento dos dados, poderia tê-la colocado à disposição daquele que é chamado ao cumprimento.

que estaria se os cheques fossem pagos numa só agência. O banco não pode defender-se com o argumento de que dividiu o conhecimento.

[362] Assim na jurisprudência alemã desde o acórdão BGH 8-dez.-1989, *BGHZ* 109, 327, 331. Cfr. também BGH 2-fev.-1996, *BGHZ*, 132, 30 (35). Sobre estes acórdãos, cfr., entre tantos outros, GEHRLEIN, "Zur Haftung", cit., 215, RAISER, "Kenntnis und Kennenmüssen", cit., 564-565, HABERSACK e FOERSTER, in *AktG Großkommentar*[5], § 78, n.os 39 ss., e, sinteticamente, KORT, in *AktG Großkommentar*[5], § 76, n.º 203.

[363] De acordo com a doutrina dominante no sistema alemão, os deveres de organização relacionados com a informação relevam não apenas para efeito da imputação infra-orgânica, mas também para efeitos da imputação ao nível dos órgãos sociais. WOLFGANG ZÖLLNER e ULRICH NOACK, in ADOLF BAUMBACH e ALFRED HUECK, *GmbHG*, 21.ª ed., 2017, § 35, n.º 150, HABERSACK e FOERSTER, in *AktG Großkommentar*[5], § 78, n.º 39.

[364] Vimos já que a informação pode existir enquanto estado psicológico de um ator social (membro de um órgão, trabalhador ou colaborador...) ou em suporte documental, entendendo aqui documento no sentido amplo prescrito pelo art. 362.º CC e, nessa medida, cobrindo qualquer forma de arquivo físico ou digital da informação.

II. De acordo com esta construção, vale como princípio geral a conclusão alcançada pela jurisprudência norte-americana, e firmada por exemplo em *Copeman Laboratories Co. v. General Motors Corporation*[365], de que:

> «*The knowledge possessed by a corporation about a particular thing is the sum total of all the knowledge which its officers and agents, who are authorized and charged with the doing of a particular thing acquired while acting under and within the scope of their authority*»[366].

Este princípio tem eco igualmente no Reino Unido, onde a *Law Commission* explica que, em princípio, aquilo que é do conhecimento de uma parte da sociedade é do conhecimento de todas as partes da sociedade[367]. Neste sentido, em *Harrods Ltd. v. Lemon*[368] a informação detida por dois departamentos que estavam fisicamente separados – uma agência imobiliária, por um lado, e um departamento de construção, por outro – foi combinada e tratada de forma unitária.

Também neste sentido, no caso *Lloyds Bank Ltd. v. EB Savory & Co.*[369], já referido, a *House of Lords* considerou que a informação detida por uma agência do banco era detida também por outra agência, pelo que o banco teria incumprido um dever para com o seu cliente[370].

---

[365] 36 F.Supp. 755, 762 (E.D. Mich. 1941).
[366] Cfr. Cox, Hazen e O'Neal, *Corporations*, cit., 1, 8.37-8.38.
[367] «*[I]t is difficult to see any legal basis for holding that there is "partial ignorance"*». The Law Commission, *Fiduciary Duties and Regulatory Rules, Consultation paper no. 124*, cit., 22.
[368] [1931] 2 K.B. 157.
[369] [1933] A.C. 201.
[370] Diferentemente, a combinação dos conhecimentos do agente e do principal foi rejeitada pelo tribunal em *Armstrong v. Strain*, [1952] 1 K.B. 232, na sua apreciação sobre se o agente prestou informação errada de forma fraudulenta (*fraudulent misrepresentation*) na venda de um imóvel. Porém, explica a *Law Commission* que esta decisão deve ser distinguida das referidas anteriormente em favor da combinação de informação, na medida em que se tratava de um caso de fraude e os tribunais mostram maior relutância em considerá-la demonstrada a menos que a "desonestidade" seja provada. Para além disso, em *Armstrong* estava em causa uma relação estritamente comercial, enquanto as outras eram relações com consumidores, potenciando uma extensão das obrigações. The Law Commission, *Fiduciary Duties and Regulatory Rules, Consultation paper no. 124*, cit., 22-23.

III. O presente caso permite sublinhar alguns traços essenciais da construção, porventura não inteiramente clarificados perante os casos anteriores[371].

Em primeiro lugar, só é imputável o conhecimento da informação que razoavelmente possa ser considerada *relevante* pela sociedade para o cumprimento das sua obrigações legais e contratuais.

Naturalmente, ficam de fora as informações que, *ex ante*, um "homem médio" (mais corretamente: uma sociedade média) não considerasse relevantes para esses efeitos, mas que *ex post* revelaram esse carácter.

Dito isto, o intérprete-aplicador deve estar particularmente ciente do risco de *hindsight bias, i.e.*, o risco de o mesmo considerar os eventos que já ocorreram como sendo mais previsíveis do que efetivamente eram antes da sua ocorrência[372]. Neste caso, haverá uma natural tendência para sobrevalorizar *a posteriori* a relevância de uma determinada informação, perante os contornos do caso entretanto ocorrido. Exige-se portanto ao intérprete-aplicador uma especial cautela, de forma a avaliar a relevância da mesma apenas e tão-só à luz das circunstâncias em que se encontrava a sociedade *ex ante*.

IV. Em segundo lugar, não é imputável à sociedade o conhecimento da informação à qual o sujeito que atua por sua conta não tinha acesso, nem podia razoavelmente ter.

Assim, por exemplo, não pode ignorar-se que, por mais adequados que sejam os sistemas criados pela sociedade em cumprimento da sua obrigação

---

[371] Sem prejuízo dos traços gerais enunciados no corpo do texto, deve ponderar-se desvios específicos, como o promovido pelo BGH na sua decisão de 28-jun.-2016, *WM*, 2016, 1975. Neste aresto, o BGH recusou responsabilizar a sociedade nos termos do § 826 BGB (por atuação dolosa contrária aos bons costumes) – sem paralelo no nosso sistema –, por entender que a agregação do conhecimento existente ao nível dos colaboradores não preenchia os critérios subjetivos deste preceito, nomeadamente o elemento subjetivo da contrariedade aos bons costumes e o elemento volitivo da intenção de causação de danos. Estes elementos teriam de estar verificados na pessoa do membro do órgão social.
Diferentemente, em vários casos, o BGH admitiu uma composição "por mosaicos" dos elementos da previsão normativa. Cfr. GRIGOLEIT, "Zivilrechtliche Grungdlagen der Wissenszurechung", cit., 164.
[372] Cfr. nota 198 *supra*.

de organização interna, os fluxos de informação não são instantânos. O facto de, em muitos casos, a transmissão eletrónica da informação ser praticamente instantânea, não esgota o tema: não pode deixar de se considerar o elemento humano.

O sujeito que, num primeiro momento, apreende a informação no seio da sociedade, fá-lo no contexto da sua atividade diária, na qual se multiplicam exigências que, naturalmente, consomem tempo e atenção. Na generalidade dos casos, não é portanto expectável, nem exigível, que o mesmo comunique ou documente imediatamente a informação para benefício da atividade dos demais sujeitos que atuam por conta da sociedade.

Para além disso, frequentemente a comunicação ou documentação da informação não determina a sua imediata disponibilização a estes sujeitos, havendo necessidade de tratar ou gerir a informação para assegurar a sua utilização para os vários fins a que se destina no seio da sociedade.

Assim, em cada caso, deve considerar-se o tempo *razoavelmente* necessário para o cumprimento dos vários passos inerentes ao fluxo de informação, no quadro de uma organização *adequada*.

Esta perspetiva foi firmada expressamente pela jurisprudência britânica no caso *Malhi v Abbey Life Assurance Co Ltd*.[373], no qual se concluiu que a transmissão de informação entre departamentos de uma sociedade pode levar algum tempo, durante o qual não é apropriado imputar à sociedade o conhecimento de um departamento se a pessoa envolvida na negociação do contrato em causa, de outro departamento, não o possuía.

V. Em terceiro lugar, a agregação da informação, própria de um processo de tratamento ou gestão da informação obtida ou gerada em diferentes unidades da sociedade, tem frequentemente *natureza constitutiva do próprio conhecimento da sociedade*.

É este processo, inerente à imputação, que «*cria*» o conhecimento *ex novo*, mediante a reunião de diversos elementos cognitivos antes dispersos. Este conhecimento não existe *qua tale* antes disso, enquanto estado psicológico de qualquer dos atores sociais isoladamente considerados[374].

---

[373] [1996] L.R.L.R. 237.
[374] *Supra* p. 26, 82.

VI. Em quarto lugar, relevam também aqui os deveres de confidencialidade a que eventualmente se encontrem vinculados os sujeitos que detêm a informação no seio da sociedade. Como vimos, tais deveres podem *eventualmente* bloquear a imputação quando se devam considerar axiologicamente superiores ao dever de comunicação de informação àquele que atua por conta da sociedade no caso em análise[375].

Esses deveres enquadram-se frequentemente em medidas organizacionais de segregação de informação, concretizadoras de um dever de evitar conflitos de interesses. Nestes casos, uma parte da organização fica proibida de comunicar determinadas informações às demais unidades da mesma, separadas por "muralhas chinesas" (*"chinese walls"*).

Sublinhe-se, porém, que a simples afirmação da existência de deveres de confidencialidade e de medidas de segregação da informação não permite, só por si, bloquear a imputação. Em cada caso, cabe à sociedade demonstrar que, em virtude desses deveres e dessas medidas, a informação não foi efetivamente circulada internamente e/ou aproveitada por si.

Estamos perante um *facto impeditivo* cuja prova cabe, nos termos gerais, à sociedade (art. 342.º/2 CC), pelo que, não sendo o mesmo demonstrado, há imputação[376].

VII. No Reino Unido, o tema foi discutido pela *House of Lords* no caso *Bolkiah v. KPMG*[377] e outros que lhe sucederam. Neste caso, um antigo cliente da KPMG alegou que esta não podia ter prestado serviços de auditoria forense a um novo cliente com o qual tinha um conflito de interesses, independentemente da criação de uma "muralha chinesa"[378].

---

[375] *Supra* § 12 (p. 94 ss). Cfr. tb. WATTS e REYNOLDS, *Bowstead and Reynolds on Agency*[20], cit., 553, 232-233. O tema é também tratado com interesse em CAMPOBASSO, *L'imputazione*, cit., 100-123.
[376] *Infra* p. 156.
[377] [1999] 2 A.C. 222.
[378] Segundo o autor:
«*Once the former client has established that the defendant firm is in possession of information which was imparted in confidence and that the firm is proposing to act for another party with an interest adverse to his in a matter to which the information is or may be relevant, the evidential burden shifts to the defendant firm to show that even so there is no risk that the information will come into the possession of those now acting for the other party. There is no rule of law that Chinese walls or other*

Concluiu Lord Millet que, não obstante a sua exposição sobre a "muralha chinesa" criada dentro do departamento de auditoria forense, a KPMG não tinha cumprido o seu ónus de provar a ausência de risco de que a informação (que tinha em seu poder sobre o antigo cliente) fosse usada no âmbito da relação com o novo cliente[379].

Na mesma linha, nos EUA, Loss e Seligman escreviam em 2004 que, apesar de haver uma aceitação crescente das *chinese walls* como meio de defesa, muitos consideravam que acreditar na eficácia destas seria o mesmo que acreditar em "contos de fadas"...[380].

---

arrangements of a similar kind are insufficient to eliminate the risk. But the starting point must be that, unless special measures are taken, information moves within a firm».

[379] [1999] 2 A.C. 222, 239-240. Atualmente, a regra 12.4.3 das *rules of conduct of business* da Financial Conduct Auhority (FCA) dispõe:
«*Obligations to disclose information do not require those producing research recommendations to breach effective information barriers put in place to prevent and avoid conflicts of interest*».

[380] Segundo estes autores, o caso de escola seria *Slade v. Shearson, Hammill & Co., Inc.*, 517 F.2d 398, de 1974, cuja lição principal residiria no facto de que o uso das *Chinese walls* a título profilático não podia ser confundido com o seu uso como meio de defesa em ações de responsabilidade civil. LOUIS LOSS e JOEL SELIGMAN, *Fundamentals of Securities Regulation*, 5.ª ed., 2004, 1010-1011. Em 1990, PITT e GROSKAUFMANIS sustentavam que este mecanismo não estava suficientemente testado pela jurisprudência como meio de defesa. HARVEY L. PITT e KARL A. GROSKAUFMANIS, "Minimizing corporate civil and criminal liability: a second look at corporate codes of conduct", *Georgetown Law Journal*, 78 (1990) 1559-1652 (1624 ss.). Os autores apresentam a decisão proferida em *Connell v. Chase Manhattan Bank National Association*, 1981 N.Y. Misc. LEXIS 3519, na qual se discutiu o caso de um banco que, através do seu departamento de *pension trust*, exercia a atividade de consultoria de investimentos de fundos de pensões. O banco recomendou a compra de ações de uma sociedade que foram mais tarde vendidas com perdas. Os *trustees* moveram ação para receber compensação pelas perdas, sustentando que o banco, com normal cuidado e diligência, deveria ter conhecimento da má situação financeira da sociedade e não deveria ter recomendado a compra das ações. O *Supreme Court of New York* entendeu que:
«*The Bank, like many financial institutions, has several departments. In order to isolate the persons who, and the department which gives investment advice, from the knowledge or information obtained or possessed by other employees of the bank, Chase has, as have many other banks, organized what is termed a «Chinese Wall.» This has been done as the result of directives from the Comptroller of the Currency and for the S.E.C. to prevent the use of inside information in the making of investment decision by the Bank, either in its capacity as advisor or otherwise*».
Não tendo sido demonstrado que aqueles que prestaram a informação tinham conhecimento da má situação financeira da sociedade, não podia o banco ser responsabilizado.

§ 24. Os deveres de confidencialidade e as barreiras informativas (*chinese walls*)

1. Os casos das *"chinese walls"* e do segredo médico

I. Em não poucas circunstâncias, a organização da sociedade exige, já não a obtenção, tratamento, arquivo e circulação interna de conhecimento, mas antes, pelo contrário, o seu confinamento a certo sector da atividade societária.

Pense-se no seguinte caso[381]:

Caso n.º 1: P é uma instituição de crédito, configurada como uma empresa multifuncional de serviços financeiros, e concede um financiamento à sociedade A. No âmbito de tal financiamento, a sociedade A presta informação não pública a P, tenho sido convencionado que tal informação apenas seria conhecida e utilizada no seu departamento de crédito.

As próprias regras internas de P preveem que a informação prestada pelos clientes ao departamento de crédito não seja transmitida a outros departamentos, em particular, ao departamento de consultoria para investimento.

Estas regras concretizam internamente as normas legais relativas ao segredo profissional (arts. 78.º RGICSF e 304.º/4 CVM).

P prestou consultoria para investimento de B em dívida emitida por A. B pretende que o conhecimento detido pelo departamento de crédito seja imputado a P, como conhecimento relevante na consultoria para investimento que lhe foi prestada.

II. Imagine-se ainda outro caso:

Caso n.º 2: P é uma seguradora e A seu trabalhador. Numa consulta de medicina no trabalho, o médico ao serviço de P tem conhecimento de um problema oncológico de A. Entretanto, A subscreve um seguro de vida da própria seguradora P, ocultando o seu estado de saúde.

Pode afirmar-se que P conhecia o estado clínico de A?

---

[381] Caso inspirado na *illustration* 10 do § 5.03 do *Restatement Third of Agency*.

2. Enquadramento e solução

I. Existe uma semelhança factual entre os casos apresentados e o caso da comunicação do sinistro: em qualquer das hipóteses, o conhecimento em causa «está» na sociedade, mas não foi transmitido àquele sujeito em cuja atuação o conhecimento seria relevante.

No caso da comunicação do sinistro sustentou-se a imputação de conhecimento, uma vez que o deficiente funcionamento do sistema de informação da sociedade é um risco de organização que por ela deve ser suportado.

Diferentemente, nesta sede, tal imputação *em princípio* não é possível.

II. Com efeito, nos casos apresentados, a não transmissão da informação deve-se à observância de um dever de confidencialidade que colide e *em princípio* se sobrepõe hierarquicamente ao dever de comunicação interna da informação.

Vale a regra geral, expressa no art. 335.º/2 CC para a *colisão de direitos*, mas convolável para a *colisão de deveres*, da prevalência do que se deva considerar superior[382].

III. No *Caso n.º 1*, o dever de confidencialidade tem fundamento no contrato celebrado com o cliente, nas regras internas e em preceitos legais imperativos. Este triplo fundamento permite introduzir a questão da hierarquia de fontes.

Se este dever encontrasse o seu fundamento *apenas no contrato* ou *nas regras internas do banco*, poderia discutir-se a sua qualificação como hierarquicamente superior ao dever de comunicação interna da informação (imputado ao sujeito) que, enquanto exigência do sistema, decorre do dever de organização adequada do conhecimento (imputado à sociedade).

Porém, a verdade é que tal restrição das fontes do dever não é correta: o acordo sobre a confidencialidade da informação convoca sempre a aplicação de normas legais injuntivas. Nos termos gerais, tendo as partes (*P* e o seu cliente *A*) acordado a confidencialidade da informação, não poderia o banco *P* fazer uso da mesma. Valeria o direito de *A* à reserva da intimidade

---

[382] *Supra* p. 95-96 (em especial, n. 228).

da vida privada (art. 80.º CC), também com expressão constitucional no direito à intimidade da vida privada e familiar (art. 26.º/1 CRP), e no direito à integridade moral das pessoas (art. 25.º CRP)[383].

Este quadro normativo é concretizado, no caso em apreço, pelas regras relativas ao segredo profissional já enunciadas (arts. 78.º RGICSF e 304.º/4 CVM).

IV. A esta construção poderia opor-se que ao banco não lhe é permitido divulgar a informação prestada por um cliente (*A*) a outro cliente (*B*), mas tão-pouco poderia ser esquizofrénico, atuando perante *B* como se o investimento fosse "bom", quando na verdade sabe que é "mau".

Esta linha de argumentação, porém, não procederia, porquanto as exigências da confidencialidade impedem a própria circulação da informação prestada por *A* no seio do banco *P*; assim, aquele que presta o conselho sobre o investimento a *B* não tem como saber que o mesmo é, afinal, "mau".

V. Mais ainda: as regras internas de *P*, que criavam barreiras informativas (*chinese walls*)[384], concretizavam deveres legais de organização destinados a garantir a confidencialidade da informação dos clientes e a prevenção de conflitos de interesses (arts. 73.º e 115.º-A/1 RGICSF e arts. 305.º/1, *h*), 309.º a 309.º-G, em especial, o art. 309.º-A/5 CVM[385]).

---

[383] ANTÓNIO MENEZES CORDEIRO, *Direito bancário*, 6.ª ed., 2016, 365 ss.
[384] Este mecanismo de segregação de informação, hoje prática comum em múltiplas áreas, começou por se desenvolver como resposta ao uso ilícito de informação privilegiada obtida seja pelos bancos de investimento no processo de colocação de valores mobiliários, em sede de ofertas públicas, seja pelos bancos comerciais no processo de análise de risco de crédito de um cliente para concessão de financiamentos. Cfr., *v.g.*, HARVEY E. BINES e STEVE THEL, *Investment management: law and regulation*, 2.ª ed., 2004, 788.
[385] No caso dos intermediários financeiros, o *dever de organização interna* (art. 309.º/1 CVM) – destinado a garantir a identificação de possíveis conflitos de interesses e a atuação do intermediário de modo a evitar ou reduzir ao mínimo o risco da sua ocorrência – surge concretizado pelo dever de aprovação de uma política de gestão de conflitos de interesses (arts. 309.º-A e 309.º-B) que detalhe procedimentos adequados, incluindo criação de *chinese walls* para segregação de atividades, de fluxos de informação e de processos de decisão [art. 309.º-A/4 e 5, *a*), *b*), *d*) e *e*)]. Cfr. JOSÉ FERREIRA GOMES, "Conflito de interesses e benefícios (*inducements*) dos intermediários financeiros perante a MiFID II", in AA.VV., *I Congresso sobre Valores Mobiliários e Mercados Financeiros*, no prelo. Cfr. tb. SOFIA LEITE BORGES,

Tais deveres concorrem para a modelação de uma obrigação mais genérica de organização, destinada a servir também outros escopos, incluindo a proteção de terceiros que, no tráfego, interagem com a sociedade[386].

VI. Se, à margem do exposto, as barreiras informativas instituídas não forem legítimas – porque infundadas face à natureza da informação em presença, ao seu contexto aquisitivo, e às características da atividade da sociedade – então estaremos próximos das hipóteses de *cognoscere non velle protestatio*, que veremos de seguida no § 25.

VII. No *Caso n.º 2*, relativo ao sigilo médico, a incomunicabilidade da informação advém de normas deontológicas, positivadas no art. 139.º do EOM.

Estas encontram fundamento no direito de *A* à reserva da intimidade da sua vida privada (art. 80.º CC), também com expressão constitucional no direito à intimidade da vida privada e familiar (art. 26.º/1 CRP), e no direito à integridade moral das pessoas (art. 25.º CRP).

VIII. Tanto num caso, como noutro, o dever de confidencialidade *tende a ser* axiologicamente mais intenso, uma vez que em causa não está uma simples prevenção de conflito de interesses, por exemplo, mas sim a preservação da intimidade e a reserva da vida privada de *A*.

Nessa medida, perante o conflito de deveres identificado, deve considerar-se que, *em princípio*, o dever de confidencialidade se sobrepõe ao dever de circulação da informação no seio da sociedade (art. 335.º/2 CC), pelo

---

"O conflito de interesses na intermediação financeira", in AA.VV., *Conflito de interesses no direito societário e financeiro* (2010), 316-425 (374-377).

[386] Entre nós, a propósito dos deveres do intermediário financeiro, FAZENDA MARTINS sustentava já em 2000, no bom sentido, que a prova da existência de *chinese walls* rigorosas o beneficia quando demandado «*pois pode, enquanto pessoa distinta dos seus funcionários, desonerar-se da responsabilidade, a título de negligência por danos causados aos clientes ou a terceiros pela circulação e uso ilegítimo da informação entre esses funcionários, à revelia das normas e procedimentos internos*». Cfr. JOSÉ PEDRO FAZENDA MARTINS, "Deveres dos intermediários financeiros: Em especial, os deveres para com os clientes e o mercado", *CdMVM*, 7 (2000), 329-349.

que a não comunicação em cumprimento do dever bloqueia a imputação de conhecimento.

Dizemos *"em princípio"* porque não pode aceitar-se, em termos rígidos, uma sobreordenação dos direitos pessoais aos direitos patrimoniais[387] (quando esteja em causa uma tal contraposição), nem a irrestrição dos direitos fundamentais, que podem ser limitados nos termos do art. 18.º CRP.

A hierarquização dos deveres em conflito em cada caso concreto – tanto para efeitos da exclusão da responsabilidade civil (art. 335.º/1 CC), como para efeitos do bloqueio da imputação – exige uma ponderação global de todos os factos e interesses em presença. Pode suceder que, no caso, o sistema exija a imputação.

IX. Também nos sistemas anglo-saxónicos se sustenta que, havendo um dever (superior) de preservação da confidencialidade da informação, não está o agente vinculado à sua comunicação ao principal.

Assim, por exemplo, em *Reinninger v. Prestige Fabricators, Inc.*[388], o *Court of Appeals of North Carolina* sustentou que o médico da sociedade que tratou um empregado na sequência de um acidente estava obrigado a guardar confidencialidade sobre a informação prestada pelo mesmo. Nessa medida, o conhecimento adquirido pelo médico não é imputável à sociedade[389].

X. Duas notas finais. Em primeiro lugar, repita-se: a não circulação da informação, em cumprimento de um dever de confidencialidade, é um *facto impeditivo* da imputação cuja prova cabe, nos termos gerais, à sociedade (art. 342.º/2 CC). Assim, não sendo demonstrada a sua existência pela mesma, há imputação[390].

Em segundo lugar: a conclusão enunciada permite sublinhar uma característica do juízo de imputação para a qual chamamos a atenção, desde as primeiras linhas: a *plurifuncionalidade da imputação*[391].

---

[387] Cfr. ANTÓNIO MENEZES CORDEIRO, "Da colisão de direitos", cit., 47, OLINDO GERALDES, "Conflito de deveres", cit., 416, FIGUEIREDO DIAS, *Direito penal*, 1², 466 ss.
[388] 523 S.E.2d 720, 725 (N.C.App.1999).
[389] Cfr. tb. as anots. *b* e *e* ao § 5.03 do *Restatement Third of Agency*.
[390] Este ponto foi já tratado *supra* p. 150.
[391] *Supra* p. 30-31.

Com efeito, no caso das *chinese walls*, P não conhecia para os efeitos pretendidos por B, mas nada impede que tal conhecimento lhe seja imputado para outros efeitos diversos.

Do mesmo modo, no caso do segredo médico, P não conhecia na contratação do seguro, mas o mesmo conhecimento poder-lhe-ia ser imputado no âmbito das atividades do departamento de medicina no trabalho e, eventualmente, do departamento de recursos humanos.

§ 25. A *cognoscere non velle protestatio*

1. O caso do suborno

I. Detenhamo-nos, agora, numa hipótese frequente no comércio jurídico: a presença de restrições a fluxos de informação instituídas voluntariamente por uma sociedade, com o propósito de evitar a imputação de conhecimento.

Suponhamos que a sociedade P pretende vender bens ao governo do país X. Sabe-se, todavia, que no país X existe um alto grau de corrupção e que a realização de negócios desta natureza envolve frequentemente o pagamento de subornos ou a realização de atribuições patrimoniais não justificadas.

P contrata A no país X e indica-lhe que não quer ser informada sobre quaisquer comissões ou outros pagamentos que A venha a ter de efetuar para concretizar a venda dos bens de P[392].

A realiza tais pagamento e, como consequência, obtém a preterição de um direito de B, que pretende agora agir contra P, invocando, como facto constitutivo da causa de pedir, o conhecimento de P das atribuições patrimoniais realizadas por A. P alega desconhecer tais atribuições.

II. Em causa está uma declaração de não querer conhecer – *cognoscere non velle protestatio*. A sociedade P, admitindo que a atuação de A e o

---

[392] Caso inspirado na *illustration* 1 do § 5.03 do *Restatement Third of Agency*.

conhecimento adquirido no exercício das funções para as quais foi contratado pode ser-lhe imputado, declara não querer ter conhecimento de um determinado conjunto de factos ou circunstâncias.

O efeito desejado pela *cognoscere non velle* é afastar, portanto, a imputação de conhecimento que resultaria dos critérios gerais aplicáveis ao caso. Resta saber em que medida a *protestatio* logra obter o efeito pretendido, bloqueando a imputação.

2. Enquadramento e solução

I. A *cognoscere non velle* surge invariavelmente associada a situações em que o declarante deseja afastar um conhecimento para si *comprometedor*, em regra fonte de responsabilidade civil ou penal[393]. No caso, o conhecimento em causa integra os factos constitutivos da pretensão de *B*, que *P* deseja que seja considerada improcedente.

A eventual eficácia da *protestatio* exige, como dissemos, que o conhecimento possa ser, a algum título, imputado à sociedade. Com efeito, uma

---

[393] Não cuidaremos, nesta sede, dos eventuais efeitos penais da *cognoscere non velle protestatio*. Ela pode, contudo, ser relevante para efeitos da aplicação do art. 7.º da Lei n.º 20/2008, de 21-abr., relativa à responsabilidade penal por crimes de corrupção no comércio internacional e na atividade privada, segundo o qual:

«*Quem por si ou, mediante o seu consentimento ou ratificação, por interposta pessoa der ou prometer a funcionário, nacional, estrangeiro ou de organização internacional, ou a titular de cargo político, nacional ou estrangeiro, ou a terceiro com conhecimento daqueles, vantagem patrimonial ou não patrimonial, que lhe não seja devida, para obter ou conservar um negócio, um contrato ou outra vantagem indevida no comércio internacional, é punido com pena de prisão de um a oito anos*».

A responsabilidade por este crime estende-se às pessoas coletivas (art. 4.º da Lei n.º 20/2008), nos termos gerais do art. 11.º/2 (CP), que respondem, assim, pelos crimes cometidos «*em seu nome e no interesse coletivo por pessoas que nelas ocupem uma posição de liderança*», neste conceito se incluindo três realidades distintas: *(i)* os titulares dos órgãos sociais; *(ii)* os representantes da pessoa coletiva; e *(iii)* as pessoas que nela tiverem autoridade para exercer o controlo da sua atividade (art. 11.º/4 CP).

São ainda responsáveis por crimes cometidos «*por quem aja sob autoridade* [dos que ocupam posições de liderança] *em virtude da violação dos deveres de vigilância ou controlo que lhes incumbem*». A sua responsabilidade é, porém, excluída nos casos em que o agente tenha atuado contra ordens ou instruções expressas de quem de direito (art. 11.º/6 CP).

A imputação de conhecimento à pessoa coletiva é determinante na aplicação concreta deste regime penal.

declaração *non vele* quanto a um conhecimento que não pode *ab initio* ser imputado à pessoa coletiva perde qualquer valor performativo.

II. Importa, portanto, em primeiro lugar, saber em que medida a imputação de conhecimento pode ser objeto da vontade: *o espaço de liberdade jurígena, que caracteriza a autonomia privada, permite uma disposição voluntária acerca dos estados subjetivos relevantes?*

A questão é diversa, consoante em causa esteja uma pessoa física ou uma pessoa coletiva.

No caso das pessoas físicas, o conhecimento corresponde a um estado psicológico. Enquanto tal, integra o universo da factualidade: a pessoa física conhece ou não conhece determinado facto ou circunstância; *tertium non datur*.

Se o estado psicológico da pessoa em causa é de ignorância, pode o Direito entender que o conhecimento em falta lhe era juridicamente exigível (o dever de não ignorar), tomando por conhecida uma realidade que o sujeito, na verdade, desconhece.

Em tal hipótese, intervém um juízo normativo, que surge como a manifestação de uma dimensão axiomática do ordenamento de tal modo intensa que supera um estado psicológico e factual de ignorância. Tal dimensão axiológica – em regra manifestação de vetores materiais do sistema interno – é, naturalmente, indisponível.

Temos, portanto, quanto às pessoas físicas, que os estados subjetivos relevantes não podem ser objeto de disposição de vontade.

III. A solução não é diversa no caso das pessoas coletivas, pese embora a argumentação não ser exatamente coincidente.

Mercê da sua própria natureza, o conhecimento das pessoas coletivas nunca corresponde a uma realidade psicológica. A imputação de conhecimento é sempre um juízo normativo: em causa está a concretização de um critério valorativo de decisão, mais precisamente, um juízo de alocação de risco.

Ora, questionar se a *cognoscere non velle protestatio* é eficaz significa perguntar se o risco do conhecimento de certo facto ou circunstância pode ser livremente alocado, pela sociedade, a outra esfera jurídica.

IV. O risco do conhecimento é, como vimos, parte integrante do *risco de organização* das pessoas coletivas, tradução imanente da possibilidade que lhes é reconhecida de atuar no comércio jurídico.

Não parece, portanto, que, por princípio, se possa admitir uma alocação voluntária do risco de organização a uma esfera jurídica diversa do sujeito em causa. Em consequência, uma declaração *cognoscere non velle* não impede a imputação de conhecimento à sociedade. É, quanto a este efeito, ineficaz.

Assim, a sociedade *P* nunca poderia invocar o desconhecimento das atribuições patrimoniais injustificadas realizadas por *A*, com base numa *cognoscere non velle protestatio*.

V. Diferente é a questão de saber se a *cognoscere non velle* pode ser invocada pelo *A* contra *P*.

Como vimos, a organização do conhecimento assenta num conjunto de normas de indagação e partilha de informação (melhor compreendidas num quadro de gestão e tratamento de informação)[394]. A inobservância, por *A*, do dever de partilhar a informação (*Informationsweiterleitungspflicht*) não afasta a imputação do conhecimento a *P*, como vimos suceder no caso *"comunicação do sinistro"*[395].

Porém, se *A* não informa *P* porque *P* não quer ser informado, não parece que *P* possa opor a *A* a violação do dever de partilha de informação. O enquadramento e qualificação de tal inoponibilidade é, contudo, tema que aqui não desenvolveremos.

---

[394] *Supra* p. 80 ss.
[395] *Supra* p. 130 ss.

BIBLIOGRAFIA

ABEGGLEN, SANDRO – *Wissenszurechnung bei der juristischen Person und im Konzern, bei Banken un Versicherungen*, 2004.
ABREU, JORGE COUTINHO DE – *Responsabilidade civil dos administradores*, 2.ª ed., 2010;
— "Negócios entre sociedade e partes relacionadas (administradores, sócios) – sumário às vezes desenvolvido", *DSR*, 5:9 (2013), 13-25.
ADLER, ANDREE – *Wissen und Wissenszurechnung, insbesondere bei arbeitsteilig aufgebauten Organisationen*, 1997.
ALBUQUERQUE, PEDRO DE – *A representação voluntária em direito civil*, 2004.
ALVIRA, TOMAS, LUIS CLAVELL E TOMAS MELENDO – *Metafísica*, 8.ª ed., 2001.
ARNOLD, ARND – *Münchener Kommentar zum BGB*, 1, 7.ª ed., 2015, § 26.
ASCENSÃO, JOSÉ DE OLIVEIRA – *Direito civil: Teoria geral*, 2, 2.ª ed., 2003.
ATAÍDE, RUI – *Responsabilidade civil por violação de deveres no tráfego*, 2015.

BAINBRIDGE, STEPHEN M. – *Corporate law*, 2.ª ed., 2009.
BAUM, MARCUS – *Die Wissenszurechnung*, 1998.
BAUMGÄRTEL, GOTTFRIED – *Beweislastpraxis im Privatrecht*, 1995.
BEATE, FRIEDHELM – *Zur Möglichkeit des gutgläubigen Erwerbes einer juristischen Person von ihrem Gesellschafter*, 1990.
BENNETT, HOWARD – *Principles of the law of agency*, 2013.
BINDER, JENS-HINRICH – "Organisationspflichten un das Finanzdienstleistungs-Unternehmensrecht: Bestansaufnahme, Probleme, Konsequenzen", *ZGR* 5 (2015), 667-708.
BINES, HARVEY E. e STEVE THEL – *Investment management: law and regulation*, 2.ª ed., 2004.
BOHRER, MICHAEL – "Nr. 2 Wissenszurechnung bei Organen juristischer Personen", anotação ao acórdão do BGH de 8-dez.-1989, *DNotZ*, 1991, 122-131.
BORGES, SOFIA LEITE – "O conflito de interesses na intermediação financeira", in AA.VV., *Conflito de interesses no direito societário e financeiro* (2010), 316-425.
BRITO, TERESA QUINTELA DE – *Domínio da organização para a execução do facto: responsabilidade penal de entes colectivos, dos seus dirigentes e "actuação em lugar de outrem"*, dissertação de doutoramento FDUL, 2013.
BUCK, PETRA – *Wissen und juristische Person*, 2000.

Calabresi, Guido – *The costs of accidents: a legal and economic analysis*, 1970.
Campobasso, Mario – *L'imputazione di conoscenza nelle società*, 2002.
Canaris, Claus-Wilhelm – *Die Vertrauenshaftung im deutschen Privatrecht*, 1971.
Cordeiro, António Menezes – *Da boa fé no direito civil*, 1984;
— Anotação ao acórdão de 31 de março de 1993, *ROA*, 55:1, 1995, 123-190;
— *Da responsabilidade civil dos administradores das sociedades comerciais*, 1997;
— "Da colisão de direitos", *O Direito*, 137:1 (2005), 37-55;
— "A equidade como fonte de Direito", *O Direito*, 144:1 (2012), 9-28;
— *Tratado de Direito civil*, 1, 4.ª ed., 2012; 2, 4.ª ed., 2014; 8, 2010;
— *Direito bancário*, 6.ª ed., 2016.
Costa, Mário Júlio de Almeida – *Direito das obrigações*, 5.ª ed., 1991.
Cox, James D. e Thomas Lee Hazen – *Business organizations law*, 3.ª ed., 2011.
Cox, James D., Thomas Lee Hazen e F. Hodge O'Neal – *Corporations*, 1, 2000.

Davies, Paul L. e Sarah Worthington – *Gower and Davies' principles of modern company law*, 9.ª ed., 2012.
DeMott, Deborah A. – "When is a principal charged with an agent's knowledge?", *Duke Journal of Comparative & International Law*, 13: 3, 2003, 291-320.
Deutsch, Erwin – *Möglichkeiten der Wissenszurechnung*, Karlsruher Forum, 1994, discussão, 36-37.
Dias, Jorge Figueiredo – *Direito penal: Parte geral*, 1, 2.ª ed., 2007.
Drexl, Josef – "Wissenszurechnung im Konzern", *ZHR*, 161 (1997), 491-521.

Ellenberger, Jürgen – *Palandt BGB*, 75.ª ed., 2016, § 166.

Fassbender, Christian A. – *Innerbetriebliches Wissen und bankrechtliche Aufklärungspflichten*, 1998.
Fernandes, Luís Carvalho – *Teoria geral do direito civil*, 2, 5.ª ed., 2010.
Ferran, Eilis – "Corporate attribution and the directing mind and will", *Law Quarterly Review*, 127 (2011), 239-259.
Fischhoff, Baruch – "An early history of hindsight research", *Social Cognition*, 25:1 (2007), 10-13.
Fleischer, Holger – "Gelöste und ungelöste Probleme der gesellschaftsrechtlichen Geschäftschancenlehre", *NZG*, 2003, 985-992;
— "Leitungsaufgabe des Vorstands im Aktienrecht", *ZIP*, 24:1 (2003), 1-11;
— in Gerald Spindler e Eberhard Stilz, *Kommentar zum Aktiengesetz*, 3.ª ed., 2015, § 78.
Fletcher, William Meade – *Fletcher Cyclopedia of the law of corporations*, 3, 2010, 16-28;
— *Fletcher Cyclopedia of the law of corporations*, 2, 2014.
Frada, Manuel Carneiro da – *Contrato e deveres de protecção*, 1994;
— *Teoria da confiança e responsabilidade civil*, 2004;
— *Direito civil, responsabilidade civil: O método do caso*, 2006;
— "A equidade (ou a "justiça com coração"): A propósito da decisão arbitral segundo a equidade", *ROA*, 72:1 (2012), 109-145;
— "O dever de legalidade: um novo (e não escrito) dever fundamental dos administradores, *DSR*, 8 (2012), 65-74;

BIBLIOGRAFIA

— "Dever de legalidade dos administradores e responsabilidade civil societária", in *IV Congresso Direito das Sociedades em Revista* (2016), 17-27.
FRENCH, DEREK, STEPHEN W. MAYSON e CHRISTOPHER L. RYAN – *Mayson, French & Ryan on Company Law*, 32.ª ed., 2015.
FULLER, LON L. – *Legal fictions*, 1967.

GARCIA, JUAN A. – "Conocimiento", in Ángel Luis González (Ed.), *Diccionario de Filosofia*, 2010.
GEHRLEIN, MARKUS – "Zur Haftung der juristischen Person", *Festschrift für Uwe Hüffer zum 70. Gebuststag*, 2010, 205-224.
GERALDES, OLINDO – "Conflito de deveres", *O Direito*, 141:2 (2009), 411-428.
GEVURTZ, FRANKLIN A. – *Corporation law*, 2.ª ed., 2010.
GIERKE, OTTO VON – *Die Gnossenschaftstheorie und die deutsche Rechtsprechung*, 1887;
— *Der Entwurf eines bürgerlichen Gesetzbuchs und das deutsche Recht*, 1889;
— *Das Wesen der menschlichen Verbände*, 1902.
GOMES, JOSÉ FERREIRA – *Da administração à fiscalização das sociedades*, 2015;
— "Conflito de interesses e benefícios (*inducements*) dos intermediários financeiros perante a MiFID II", in AA.VV., *I Congresso sobre Valores Mobiliários e Mercados Financeiros*, no prelo.
GONÇALVES, DIOGO COSTA – "O governo das sociedades por quotas: Breves reflexões sobre a celebração de negócios entre o gerente e a sociedade", in AA.VV., *O governo das organizações: A vocação universal do corporate governance*, 2011, 95-123;
— *Pessoa coletiva e sociedades comerciais: dimensão problemática e coordenadas sistemáticas da personificação jurídico-privada*, 2015.
GOWER, LAWRENCE – *Gower's Principles of Modern Company Law*, 5.ª ed., 1992.
GRAUMANN, MATTHIAS – "Der Entscheidungsbegriff in § 93 Abs. 1 Satz 2 AktG: Rekonstruktion des traditionellen Verständnisses und Vorschlag für eine moderne Konzeption", *ZGR*, 40:3 (2011), 293-303.
GREGORY, WILLIAM A. – *The law of agency and partnership*, 3.ª ed., 2001.
GRIGOLEIT, HANS CHRISTOPH – "Zivilrechtliche Grungdlagen der Wissenszurechung", *ZHR*, 181 (2017), 160-202.
GRUNEWALD, BARBARA – "Wissenszurechnung bei juristichen Personen", *Festschrift für Karl Beusch zum 68. Geburtstag*, 1993, 301-320.
GUICHARD, RAÚL – *Da relevância jurídica do conhecimento no Direito Civil*, 1996.

HABERSACK, MATHIAS e MAX FOERSTER – in *AktG Großkommentar*, 5.ª ed., 2015, § 78.
HADDING, WALTHER – *Soergel Kommentar zum BGB*, 1, 13.ª ed., 2000, § 26.
HAMILTON, ROBERT W., JONATHAN R. MACEY e DOUGLAS K. MOLL – *The law of business organizations: cases, materials, and problems*, 12.ª ed., 2014.
HANNIGAN, BRENDA – *Company Law*, 4.ª ed., 2016.
Henkel, Heinrich – *Einführung in die Rechtsphilosophie*, 1964.
HÖRSTER, HEINRICH EWALD – *A parte geral do código civil português: Teoria geral do direito civil*, 2003.

JOHN, UWE – *Die organisierte Rechtsperson*, 1977.

KLEINBERGER, DANIEL S. – "Guilty knowledge", *William Mitchell Law Review*, 22 (1996), 953-983.
KNIGHT, FRANK H. – *Risk, Uncertainty and Profit*, 1921.
KORT, MICHAEL – in *AktG Großkommentar*, 5.ª ed., 2015, § 76.
KUMMER, MAXIMILIAN – *Sprachprobleme und Sprachrisiken*, 2016.

LENZ, TOBIAS – in Lutz Michalski, *Kommentar zum GmbHG*, 2.ª ed., 2010, § 35.
LIMA, FERNANDO PIRES DE e JOÃO DE MATOS ANTUNES VARELA – *Código civil anotado*, 1, 4.ª ed., 1987, art. 500.º, e 2, 4.ª ed., 1997, art. 800.º.
LOSS, LOUIS e JOEL SELIGMAN – *Fundamentals of Securities Regulation*, 5.ª ed., 2004.
LUTTER, MARCUS – "Die Business Judgment Rule und ihre praktische Anwendung", *ZIP*, 28:18 (2007), 841-848.

MADER, FLORIAN – *Der Informationsfluss im Unternehmensverbund*, 2016.
MARTINS, ALEXANDRE SOVERAL – *Os poderes de representação dos administradores de sociedades anónimas*, 1998.
MARTINS, JOSÉ PEDRO FAZENDA – "Deveres dos intermediários financeiros: Em especial, os deveres para com os clientes e o mercado", *CdMVM*, 7 (2000), 329-349.
MEDICUS, DIETER – "Probleme der Wissenszurechnung", *Möglichkeiten der Wissenszurechnung*, Karlsruher Forum, 1994, 4-16.
MESCHEDE, THOMAS – "Dieselgate: Denkbare Anspruchsgrundlagen für Schadensersatzansprüche von Porsche-Aktionären und Erwerbern von Derivaten auf VW-Aktien gegen die Volkswagen AG", *ZIP*, 38:5 (2017), 215-221.
MÖLLER, HANS – *Verantwortlichkeit des Versicherungsnehmers für das Verhalten Dritter*, 1939.
MONTEIRO, ANTÓNIO PINTO – *Cláusulas limitativas e de exclusão de responsabilidade civil*, 1985.
MÚRIAS, PEDRO – *Por uma distribuição fundamentada do ónus da prova*, 2000.

NAUMANN, KLAUS-PETER e DANIEL P. SIEGEL – "Wissensorganisation", *ZHR*, 181 (2017), 273-301.

OLDENBOURG, HANS – *Die Wissenszurechnung: Die Lehre vom Wissensgehilfen, zugleich ein Betrag zur Lehre von der sogenannten Empfangsvertretung*, 1934.
OLIVEIRA, ANA PERESTRELO DE – "Os credores e o governo societário: deveres de lealdade para os credores controladores", *RDS*, 1:1 (2009), 95-133.

PEREIRA, MARIA DE LURDES – "Os estados subjectivos na representação voluntária. Em especial, o conhecimento ou o desconhecimento juridicamente relevante", *RFDUL*, 39:1 (1998), 135-192.
PINTO, CARLOS MOTA, António Pinto Monteiro e Paulo Mota Pinto – *Teoria geral do direito civil*, 4.ª ed., 2005.

PITT, HARVEY L. e KARL A. GROSKAUFMANIS – "Minimizing corporate civil and criminal liability: a second look at corporate codes of conduct", *Georgetown Law Journal*, 78 (1990) 1559-1652.

PRÖLSS, JÜRGEN – "Wissenszurechnung im Zivilrecht unter besonderer Berücksichtigung einer Zurechnung zu Lasten des Versicherungsnehmers", *Liber amicorum für Detlef Leenen 70. Geburstag*, 2012, 229-260.

PRÜTTING, HANNS – "Die non-liquet-Situation und die Normentheorie", in Gottfried Baumgärtel, Hans-Willi Laumen e Hanns Prütting, *Handbuch der Beweislast: Grundlagen*, 3.ª ed., 2016, 236-258.

RAISER, THOMAS – "Kenntnis und Kennenmüssen von Unternehmen", *Festschrift für Gerold Bezzenberger*, 2000, 561-577.

RATHENAU, WALTHER – "Vom Aktienwesen: Eine geschäftliche Betrachtung", in *Gesammelte Schriften*, 5, 1918, 154.

RESENDE, JOÃO MATTAMOUROS – "A imputação de direitos de voto no mercado de capitais", *CdMVM*, 26 (2007), 59-69;
— *A imputação de direitos de voto no mercado de capitais*, 2010.

REYNOLDS, FRANCIS – *Bowstead and Reynolds on Agency*, 16.ª ed., 1996.

RICHARDI, REINHARD – "Die Wissensvertretung", *AcP*, 169 (1969), 385-403.

RODRIGUES, ILÍDIO DUARTE – *A administração das sociedades por quotas e anónimas*, 1990.

RÖMMER-COLLMANN, CARSTEN – *Wissenszurechnung inerhalb juristischer Oersonen*, 1997.

ROSENBERG, LEO – *Die Beweislast auf der Grundlage des Bürgerlichen Gesetzbuchs und der Zivilprozessordnung*, 5.ª ed., 1965.

SALLAWITZ, HANS-JOACHIM – *Die tatbestandmäßige Gleichstellung von grobfahrlässiger Unkenntnis mit Kenntnis, ein dogmatisches und pratisches Problem des Privatrechts*, 1973.

SANGUINETI, JUAN JOSE – *Logica*, 2.ª ed., 1985.

SAVIGNY, FRIEDRICH CARL VON – *System des heutigen Romischen Rechts*, 2, 1840.

SCHILKEN, EBERHARD – *Wissenszurechnung im Zivilrecht*, 1983.

SCHRADER, PAUL TOBIAS – *Wissen im Recht*, 2017.

SCHÜLER, WOLFGANG – *Die Wissenszurechnung im Konzern*, 2000.

SCHÜRNBRAND, JAN – "Wissenszurechnung im Konzern – unter besonderer Berücksichtigung von Doppelmandaten", *ZHR*, 181 (2017), 357-380.

SILVA, JOÃO CALVÃO DA – *Parecer de Direito*, in AA.VV., *A privatização da Sociedade Financeira Portuguesa: Regras sobre reprivatizações. Responsabilidade pelo prospecto. Culpa in contrahendo. Vícios ocultos das empresas reprivatizadas*, 1995, 203-222.

SILVA, JOÃO SOARES DA – "Algumas observações em torno da tripla funcionalidade da técnica de imputação de direitos de voto no Código dos Valores Mobiliários", *CdMVM*, 26 (2007), 47-58.

SILVA, PAULA COSTA E – "A imputação de direitos de voto na oferta pública de aquisição", *Direito dos Valores Mobiliários*, 7, 2007, 403-441;
— "Organismos de Investimento Colectivo e imputação de direitos de voto", *CdMVM*, 26 (2007), 70-81;

— "O conceito de accionista e o sistema de *record date*", *Direito dos Valores Mobiliário*, 8, 2008, 447-460.
SILVA, VASCO PEREIRA DA – *Em busca do acto administrativo perdido*, 1986.
SOUSA, MIGUEL TEIXEIRA DE – *As partes, o objecto e a prova na acção declarativa*, 3 – A prova em processo civil, lições policopiadas, 2003/2004.
SPINDLER, GERALD – "Wissenszurechnung in der GmbH, der AG und im Konzern", *ZHR*, 181 (2017), 311-356.

TAUPITZ, JOCHEN – "Wissenszurechnung nach englischem und deutschem Rechts", *Möglichkeiten der Wissenszurechnung*, Karlsruher Forum, 1994, 16-30;
— "Anmerkung", *JZ*, 51 (1996) 14, 734-736.
THE LAW COMMISSION – *Fiduciary Duties and Regulatory Rules, Consultation paper no. 124*, 1992;
— *Fiduciary Duties and Regulatory Rules: Report on a reference under section 3(1)(e) of the Law Commissions Act 1965*, 1995.
THOMSON, SEYMOUR D., JOSEPH W. THOMPSON e EDWARD F. WHITE – *Commentaries on the law of corporations*, 3, 1927.
TRINDADE, CLÁUDIA ALVES – *A prova de estados subjetivos no processo civil*, 2016.
TVERSKY, A. e D. KAHNEMAN – "Availability: A heuristic for judging frequency and probability", *Cognitive psychology*, 5 (1973), 163-178.

VASCONCELOS, PEDRO PAIS – *Teoria geral do direito civil*, 8.ª ed., 2015.
VENTURA, RAÚL – *Sociedades por quotas*, 3, 1991.

WATTS, PETER e FRANCIS REYNOLDS – *Bowstead and Reynolds on Agency*, 20.ª ed., 2014.
WEDDERBURN, KENNETH – "When does a corporation forget?", *The Modern Law Review*, 47:3 (1984), 345-348.
WESTERHOFF, RALPH – *Organ und (gesetzlicher) Vertreter: Eine vergleichende Darstellung anhand der Wissens-, Besitz- und Haftungszurechnung*, 1993.
WESTERMANN, HARM PETER – *Erman BGB*, 14.ª ed., 2014, § 26.

ZÖLLNER, WOLFGANG e ULRICH NOACK – in Adolf Baumbach e Alfred Hueck, *GmbHG*, 21.ª ed., 2017, § 35.

ÍNDICE IDEOGRÁFICO

Abgasskandal, 19
absolute Wissentheorie, 15, 65, 69, 106, 115
Agregação da informação – *vide* imputação do conhecimento
Alter ego theory, 52, 60
– *vide Identification doctrine*
Aquisição do conhecimento
– momento da aquisição, 130 ss.

Caso
– da *bouça nova*, 127 ss.
– da comunicação do sinistro, 30, 130 ss.
– da contaminação esquecida, 135 ss.
– das agências bancárias, 26, 145 ss.
– das *"chinese walls"*, 152 ss.
– das garantias não registadas nas contas, 124 ss., 136
– das máquinas *overlock*, 29, 84, 105 ss., 132
– do derrame de produtos químicos, 102, 113 ss.
– do lençol freático, 141 ss.
– do segredo médico, 96, 152 ss.
– do suborno, 157 ss.
– dos restaurantes *fast food*, 108 ss., 113, 132
Chinese walls, 85, 94, 96, 104, 150, 151

Cognoscere non velle protestatio – *vide protestatio*
Conhecimento
– antes do exercício de funções, 124 ss.
– como ato, 21 ss.
– como estado subjetivo, 21 ss.
– como factor de risco, 77 ss.
– como objeto, 24, 159
– de membros dos órgãos sociais, 60, 62, 63, 64, 105 ss.
– de trabalhadores e colaboradores da sociedade, 126, 148
– de um membro de órgão social coletivo, 127
– e dever conhecer, 27, 28, 41, 65, 84, 144
  – *vide* dever de não ignorar
– e dever de não ignorar, 27, 28, 29, 159
– e esquecimento da informação – *vide* esquecimento da informação
– e tratamento informático da informação, 25, 83, 141
– fora do exercício de funções, 63, 113 ss., 128
– fragmentado – *vide* fragmentação da informação
– no exercício de funções, 39, 63, 105 ss., 117, 118, 119, 120, 124, 125, 126

– sem intervenção humana – *vide* conhecimento e tratamento informático da informação
Culpa de organização, 17, 98 ss.
– e imputação objetiva de conhecimento, 98 ss.

Dever de adequada organização
– e *corporate governance*, 91 ss.
– parâmetros gerais, 88 ss.
    – extensão e complexidade da organização, 88, 90
    – habilitações pessoais, 90
    – intensidade dos riscos, 89
    – natureza da atividade, 89
    – perigosidade, 88, 89, 94
Dever de não ignorar, 27, 28, 29, 159
Deveres de confidencialidade, 85, 94, 119, 124, 125, 129, 139, 150, 152 ss.
Deveres no tráfego, 103, 108, 115,
Dieselgate – *vide Abgasskandal*
Directing mind and will doctrine, 50 ss.
– interpretação evolutiva, 54 ss.
Dissociação entre o sujeito que conhece e o sujeito a quem o conhecimento é imputado, 17, 24 ss.
Dolo, 20, 63, 105, 148
Doutrina da ficção, 15, 61, 64

Escândalo das emissões – *vide Abgasskandal*
Esquecimento da informação, 117, 118, 124, 135 ss., 142, 144
Excesso de informação, 80
– *vide information overload*

Ficção – *vide* doutrina da ficção
Fragmentação da informação, 71, 75, 94, 99, 113, 132, 133, 139, 145, 146

General rules of attribution, 35 ss.
– e sociedades comerciais, 41 ss.
gesetzlich Vertreter, 65
Gestão da informação, 81 ss.
Grupos de sociedades, 18

Identification doctrine, 52, 60,
– *vide alter ego theory*
Ignorantia, 22
Imputação de conhecimento
– agregação da informação, 44, 82, 145 ss.
– cessação de funções do agente, 141 ss.
– como alocação de risco, 16, 17, 18, 30, 31, 70, 73, 74, 78, 84 ss., 104, 113, 159
– desvios: bloqueio da imputação, 94 ss., 124, 156
– e criação do conhecimento, 25-26
– limites da imputação,
    – controlabilidade do risco, 75, 85, 93 ss., 133
– momento da imputação,
    – *vide* aquisição do conhecimento, momento da aquisição,
– natureza,
    – como juízo normativo, 27 ss.
    – plurifuncionalidade, 30 ss.
    – ponderação sinépica, 32 ss.
– noção, 21 ss.
Information overload, 80
– *vide* excesso de informação
Informationsabfragepflichten, 80
Informationsweiterleitungspflicht, 80, 132, 160

Kenntniserlangung, 66

Law of agency, 16, 37
Legal fiction, 39, 106

ÍNDICE IDEOGRÁFICO

Non liquet, 23

Ónus da prova, 22, 101, 151
Organic theory, 46, 53
Organicismo anglo-saxónico, 46 ss., 106
Organisationsrisiko, 15, 73, 74,79, 86, 111, 116, 125, 131, 133, 146
Organização,
 – risco da organização, 15, 17, 18, 29, 30, 41, 77 ss.
Organização do conhecimento,
 – deveres de indagação, 80, 131
 – deveres de transmissão, 80, 131
Organtheorie, 15, 61, 62, 63, 64, 70, 72, 107, 108, 143

Persona ficta, 36, 62, 64
Primary rules of attribution, 43, 44 ss.
Proteção de dados pessoais, 85, 94
Protestatio, 104, 155, 157, 158, 159, 160

Realismo organicista, 15, 60
Representante do conhecimento, 66, 68, 69, 70, 111
 – *vide* Wissensvertreter
Restatement Third of Agency, 36, 38, 41, 49, 98, 103, 105, 109, 112, 113, 118, 119, 120, 121, 122, 130, 138144, 152, 156
Risco da organização ou risco da empresa
 – *vide* teoria do risco da organização

Rules of attribution
 – *General rules of attribution*, 35 ss.
 – *Primary rules of attribution*, 44 ss.
 – *Special rules of attribution*, 50 ss.

Segredo profissional, 94 ss., 152, 154
Segregação da informação, 85, 93, 96, 139, 150, 154
Segurança no tráfego, 73, 77, 108, 136
Sistemas de informação, 41, 80, 83, 86, 87, 88, 92, 93, 97, 139, 141
soziale Organismen, 61, 169

Teoria
 – da representação do conhecimento, 15, 64 ss.
  – *vide* teorias representativas,
 – do risco de organização, 70 ss.
Teorias representativas, 70, 73
Tratamento da informação, 83, 86, 100, 116, 125, 132, 135, 141, 146, 149

Willensvertretung, 66
Wissenserklärungsvertreter, 66, 67
Wissenserklärungsvertretung, 66, 67
Wissensvertreter, 68 ss.
 – *vide* representante do conhecimento
Wissensvertretung, 66, 67, 68, 70, 71, 111

zweite Fiktion, 26, 64, 65